I0816382

El método Bullet Journal

Prácticos
Vivir mejor

Biografía

Ryder Carroll creó el Bullet Journal porque necesitaba poner en orden el caos de su vida cotidiana. Tras compartir su método con varios amigos, este se viralizó a través de las redes, convirtiéndose al poco tiempo en una tendencia mundial con una comunidad de cientos de miles de seguidores. Como diseñador, ha colaborado también con empresas como Adidas, HP y American Express.

Ryder Carroll

El método Bullet Journal

Examina tu pasado
Ordena tu presente
Diseña tu futuro

Traducción de Gema Moraleda Díaz

Obra editada en colaboración con Editorial Planeta – España

Título original: *The Bullet Journal Method*

Material gráfico original, cortesía de Dee Martinez, Eddy Hope, Kim Alvarez, Kara Benz y Sandy Mendel
Diseño de la maqueta: Meighan Cavanaugh
Adaptación de la portada: Booket / Área Editorial Grupo Planeta a partir del diseño original de © Ryder Carroll

Bajo el sello editorial BOOKET M.R.
Avenida Presidente Masaryk núm. 111,
Piso 2, Polanco V Sección, Miguel Hidalgo
C.P. 11560, Ciudad de México
www.planetadelibros.com.mx

Primera edición impresa en España: enero de 2020
ISBN: 978-84-08-22210-1

Primera edición impresa en México en Booket: febrero de 2024
Primera reimpresión en México en Booket: noviembre de 2025
ISBN: 978-607-39-0954-9

Impreso en los talleres Impresora Tauro, S.A. de C.V.
Av. Año de Juárez 343, Colonia Granjas San Antonio, Iztapalapa
C.P. 09070, Ciudad de México.
Impreso en México – *Printed in Mexico*

A MIS PADRES POR TODO.

A LA COMUNIDAD BULLET JOURNAL
POR ATREVERSE.

GRACIAS,

RYDER

PARTE I—LA PREPARACIÓN: 13

PARTE II—EL SISTEMA: 63

PARTE III—LA PRÁCTICA: 131

Tablas de contenidos e índices: En el método Bullet Journal combinamos las tablas de contenidos y los índices tradicionales para que el contenido de la libreta esté organizado y sea accesible. Puedes leer más sobre esto en la página: 111

Dejemos de posponer cosas. Hagamos un balance vital a diario... Quien da a diario los toques finales a su vida nunca precisa tiempo.

SÉNECA, *Cartas a Lucilio*

I

LA PREPARACIÓN

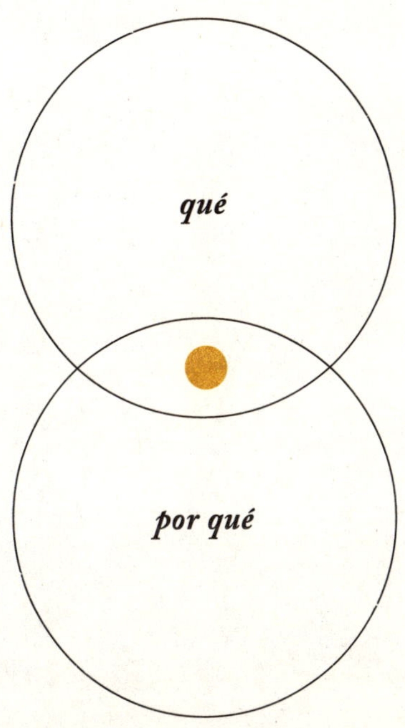

INTRODUCCIÓN

La misteriosa caja llegó sin previo aviso. Y, lo que era aún más extraño, la etiqueta de la dirección iba decorada con las inconfundibles mayúsculas de mi madre. ¿Sería un regalo sorpresa sin ningún motivo en especial? Improbable.

Al abrir la caja, encontré un montón de libretas viejas. Perplejo, saqué una de color naranja nuclear cubierta de grafitis. Tenía las páginas llenas a rebosar de dibujos rudimentarios de robots, monstruos, batallas, y de palabras con escandalosas faltas de ortografía. Distintos tipos de... Me atravesó un escalofrío. ¡Aquellas libretas eran mías!

Respiré hondo y me sumergí en ellas. Aquello era más que un viaje a mis recuerdos. Era como atravesar la coraza de un yo casi olvidado. Mientras pasaba las páginas de otra libreta, vi caer una hoja doblada por la mitad. Lo abrí con curiosidad y me encontré con el retrato grotesco de un hombre muy enfadado. Gritaba tan fuerte que se le salían los ojos de las cuencas y la lengua le colgaba fuera de la boca. Había dos palabras escritas en aquel papel. Una pequeña, escondida tímidamente en un rincón, develaba la identidad de aquel hombre furioso: un antiguo profesor mío. La otra, grande y escrita con agresividad, revelaba el objeto de su ira: mi nombre.

Empecé a tener problemas poco después de entrar al colegio: calificaciones horribles, profesores acalorados y tutores resignados. Mis resultados eran tan alarmantes que pasé la mayor parte de los veranos en colegios especiales y despachos de psicólogos. Al final, me diagnosticaron trastorno de déficit de atención (TDA). Eso fue en la década de 1980, cuando se sabía más de hombreras que de mi trastorno. Los pocos recursos disponibles o bien eran proscriptores demasiado complicados para ser de ayuda o bien no se ajustaban a mis necesidades. Lo único que hacían era echar sal en las heridas. Nada funcionaba como lo hacía mi mente, así que tuve que apañármelas como pude.

La principal causa de todo era mi incapacidad de controlar la concentración. No era que no pudiera concentrarme; lo que pasaba era que me costaba mucho hacerlo en lo que tocaba cuando tocaba, estar presente. Mi atención siempre volaba de una cosa llamativa a la siguiente. Mientras saltaba de una distracción a otra, mis responsabilidades iban acumulándose hasta volverse inmanejables. A menudo, no llegaba a cumplir con ellas o lo hacía con retraso. Enfrentarme a esa sensación un día sí y el otro también me hacía dudar de mí mismo profundamente. Pocas cosas nos distraen más que las crueles historias que nos contamos a nosotros mismos.

Yo admiraba a mis exitosos compañeros, con su atención férrea y sus libretas repletas de notas detalladas. Empezaron a fascinarme el orden y la disciplina, cualidades que me parecían tan bellas como ajenas. Para descifrar estos misterios, empecé a inventar trucos de organización diseñados para tener en cuenta cómo funcionaba mi mente.

En mi anticuada libreta de papel, mediante un proceso de prueba y (mucho) error, fui construyendo, pieza a pieza, un sistema que funcionaba. Era una mezcla de agenda, diario, libreta, lista de cosas pendientes y cuaderno de bocetos. Me proporcionaba una herramienta práctica pero flexible para organizar mi mente impaciente. Poco a poco, empecé a estar menos distraído, menos agobiado y a ser mucho más productivo. Comprendí que enfrentarme a los retos dependía de mí. Y, aún más importante, ¡comprendí que podía hacerlo!

En 2007, yo trabajaba como diseñador web para una gran marca de moda con sede en el corazón de neón de Nueva York, Times Square. Había conseguido el puesto a través de una amiga que trabajaba allí, a quien le estaba costando organizar su boda. Su escritorio estaba lleno de libretas, post-its y trocitos de papel de cinco centímetros. Parecía una de aquellas habitaciones con mapas que salen en las series policiacas donde el psicópata planea su próximo crimen.

Hacía tiempo que quería devolverle el favor de haberme conseguido el trabajo, así que, un día, mientras se esforzaba por encontrar una de sus notas, le ofrecí, algo incómodo, enseñarle cómo usaba mi libreta. Ella me miró, levantó las cejas y, para mi sorpresa (y horror), aceptó la oferta. Glups. ¿Dónde me había metido? Compartir mi libreta era como permitir que alguien observara mi mente sin filtros y, bueno..., pues eso.

Unos días después, fuimos a tomar un café. Mi torpe tutorial duró un buen rato. Me sentía muy vulnerable al exponer cómo organizaba mis pensamientos: los símbolos, los sistemas, las plantillas, los ciclos, las listas. Para mí, aquello era un montón de muletas que había inventado para ayudar a mi cerebro defectuoso. Evité cualquier contacto visual hasta que acabé. Muerto de vergüenza, alcé la vista. Su expresión boquiabierta validó inmediatamente todas mis inseguridades. Después de una exasperante pausa, dijo: «Tienes que compartir esto con la gente».

Después de la incomodidad de aquel tutorial, fue necesaria mucha insistencia para que compartiera mi sistema. Pero, con los años, me vi respondiendo a tímidas preguntas de diseñadores, desarrolladores, gestores de proyectos y contadores sobre mi libreta omnipresente. Algunos preguntaban sobre cómo organizar su día a día, así que les mostraba cómo usar mi sistema para apuntar rápidamente tareas, actividades y notas. Otros preguntaban sobre objetivos y yo les mostraba cómo usar mi sistema para estructurar planes de acción para alcanzar objetivos futuros. Otros solo querían ser menos desordenados, de modo que yo les enseñaba cómo canalizar de manera ordenada todas sus notas y proyectos en una sola libreta.

Nunca me había planteado que todas aquellas soluciones que había inventado tuvieran tantas aplicaciones. Si alguien tenía una necesidad específica, era fácil modificar una de mis técnicas para cubrirla. Empecé a preguntarme si compartir mis soluciones a los retos de organización habituales podría ayudar a otros a evitar o, al menos, a mitigar la frustración que yo había padecido años atrás.

Todo eso estaba muy bien, pero, si volvía a abrir la boca, no iba a haber más improvisaciones raras. Di forma al sistema y lo depuré despojándolo de todo lo que no fueran las técnicas más efectivas que había desarrollado a lo largo de los años. No existía nada igual, de manera que tuve que inventar un lenguaje con su propio vocabulario. Esto hizo que el sistema fuera muchísimo más fácil de explicar y, al menos eso esperaba, de aprender. Ahora necesitaba un nombre, algo que describiera su velocidad, su eficiencia, sus orígenes y su finalidad. Lo llamé Bullet Journal.

A continuación, lancé una página web con tutoriales interactivos y videos que introducían a los usuarios en el recién acuñado sistema Bullet Journal, conocido como BuJo. Sonreí cuando la página superó las 100 visitas únicas. Para mí, había cumplido su misión. Luego sucedió lo inesperado. Bulletjournal.com apareció en Lifehack.org. Después en Lifehacker.com, después en *Fast Company* y, a partir de ahí, se hizo viral. El sitio pasó de 100 a 100 000 visitas en cuestión de días.

Empezaron a surgir comunidades de Bullet Journal por toda la web. Para mi sorpresa, la gente estaba compartiendo abiertamente sus ideas para enfrentarse a retos muy personales. Había veteranos compartiendo estrategias para superar el trastorno de estrés postraumático haciendo un seguimiento de sus días en sus Bullet Journals. Gente que padecía trastorno obsesivo compulsivo (TOC) compartía formas de distanciarse de los pensamientos invasivos. Me conmovió saber que personas que, como yo, padecían TDA compartían cómo lograban sacar mejores calificaciones y disminuir su ansiedad. En el mundo, a menudo tóxico, de las comunidades virtuales, estos grupos de Bullet Journal crearon espacios de apoyo increíblemente positivos, cada uno de ellos centrado en un reto, pero todos utilizando la misma herramienta.

Sandy se topó con el método Bullet Journal en mayo de 2017 a través de un video en Facebook. La falta de sueño y el cuidado de un bebé la habían convertido en una persona extremadamente desorganizada y olvidadiza, que no es como solían describirla quienes la conocían. Los pensamientos atravesaban su mente a toda velocidad como ardillas: ¿Había dormido suficiente el bebé? ¿Le habían puesto todas las vacunas? ¿Cuándo acababa el periodo de preinscripción de la guardería? En cuanto cerraba una tarea, otra ocupaba automáticamente su lugar. Estaba estresada y desmoralizada. ¿Acaso las demás madres sabían algo que ella no? Así que, cuando oyó hablar de un sistema de organización que solo requería una libreta y un bolígrafo, pensó que no tenía nada que perder.

El primer paso era crear un registro de todo lo que tenía que hacer ese mes. Escribió el horario de cada uno de los miembros de la familia en una columna distinta. Todos tenían horarios irregulares. Le pareció que por fin podía apretar el botón de pausa en su montaña rusa y ver quién estaría dónde durante las siguientes cuatro semanas. Le horrorizaba pensar lo fácil que podía ser que alguien se olvidara de recoger al bebé en la guardería dentro de unos pocos años. Parecía que solo era cuestión de tiempo que olvidaran algo importante.

Sin dudar, trazó una nueva columna. En ella, escribió actividades y cumpleaños para que fueran fácilmente visibles. En su registro financiero mensual apuntó cuándo vencían las facturas y a cuánto ascendían. También añadió casillas diarias para hacer un seguimiento de costumbres y objetivos, ¡o sencillamente para acordarse de parar un momento y tomarse un respiro!

Escribir a mano le resultaba extrañamente relajante. Sin embargo, Sandy no quería que sus expectativas fueran demasiado altas, ya que muchos otros sistemas le habían prometido recuperar su lado organizado, pero, a la larga, no habían cumplido la promesa.

Sandy pasó al siguiente bloque de instrucciones. La intención era que no perdiera de vista el contexto global. ¿Cuáles eran sus aspiraciones para el próximo año? En su página de objetivos anuales se atrevió a escribir un proyecto personal que había intentado llevar a cabo con poco empeño durante años sin ningún progreso visible. ¿Era su TOC lo que le impedía llevar a cabo su deseo de dedicar más tiempo a la caligrafía y el dibujo? ¿O solo era que estaba demasiado ocupada? Lo único que sabía era que tenía un potencial infrautilizado.

Durante las semanas siguientes, la costumbre de Sandy de sentarse con su Bullet Journal se volvió tan natural como lavarse los dientes. Aunque parezca una tontería, tachar pequeñas casillas la mantenía motivada y le recordaba que había un número finito de tareas que hacer cada día. No olvidó pagar ninguna factura. Ni tuvo que mandar largos mensajes de disculpa por haber olvidado el cumpleaños de alguien. Otra cosa sorprendente era que la distribución del Bullet Journal le recordaba que las tareas mundanas formaban parte del contexto global. Las páginas de objetivos mensuales y anuales le mostraban todos los días que tenía objetivos a largo plazo y que avanzaba hacia ellos. Su truco fue añadir a su registro diario un pequeño proyecto personal, en su caso, 15 minutos de caligrafía, y hacer que esa fuera su primera tarea del día. Siempre tenía 15 minutos libres si se los tomaba antes de mirar el teléfono. Parecía que el tiempo se había expandido.

Enseguida, Sandy se dio cuenta de que llevar un diario le proporcionaba más beneficios a parte de la organización y la cordura. Durante toda su vida, había padecido un trastorno llamado *dermatilomanía*, que consiste en rascar y pellizcar compulsivamente la propia piel y que siempre la había avergonzado. En el caso de Sandy, se concentraba en los dedos. Había cancelado reuniones y entrevistas porque tenía la sensación de que sus dedos estaban horribles. A veces, no podía dormir a causa del dolor, se le caían las cosas constantemente y, a menudo, no podía hacer tareas muy sencillas. Por ejemplo, siempre le pedía a su marido o a su madre que exprimieran el limón para el té para evitar el agudo dolor que le causaba el ácido en las heridas.

Después de usar el método Bullet Journal durante unos meses, se encontró con lágrimas en los ojos en la cocina. Se miró las manos, con las que exprimía, por fin, un limón, y se dio cuenta de que ya no tenía los dedos llenos de heridas. Con cada línea, cada letra, cada anotación que hacía, había mantenido las manos ocupadas y había dejado que se curaran poco a poco. He incluido la página especial que diseñó en su diario para conmemorar ese día.

El método Bullet Journal no solo la ayudó a planificar, hacer seguimientos y conservar recuerdos, también le permitió ser creativa, curarse, dejar de esconderse y formar parte de una comunidad alentadora y comprensiva. Y no está sola. Yo también me he sentido inspirado por la inventiva, resiliencia y ánimo de los usuarios del método Bullet Journal que han tomado mi metodología y la han personalizado para adaptarla a sus circunstancias. En parte, es por eso por lo que decidí escribir este libro.

15.12.17

SQUEEZED
A LEMON
NO
stinging

Ya seas un experto en el método o un novato, *El método Bullet Journal* es para cualquiera que tenga problemas para encontrar su lugar en la era digital. Te ayudará a organizarte proporcionándote herramientas y técnicas sencillas que pueden infundir claridad, sentido y concentración a tus días. Sin embargo, por genial que sea la sensación de organización, esto es solo la capa superior de algo mucho más profundo y valioso.

Siempre pensé que mi TDA me hacía distinto de los demás. Esta comunidad me ayudó a darme cuenta de que mi trastorno solo me obligó a solucionar antes algo que se ha convertido en una enfermedad habitual de la era digital: la falta de autoconsciencia.

En la era más conectada de la historia, perdemos contacto con nosotros mismos a gran velocidad. Superados por un flujo inagotable de información, acabamos sobreestimulados, pero inquietos; saturados, pero insatisfechos; en la onda, pero quemados. Cuando la tecnología se coló en cada rincón de mi vida, con sus innumerables distracciones, mi metodología me proporcionó un refugio analógico que resultó tener un valor incalculable a la hora de ayudarme a definir lo que de verdad importaba y concentrarme en ello. Ahora ha sido también clave para ayudar a muchos otros a recuperar las riendas de sus vidas.

En 2015, Anthony Gorrity, un tímido diseñador, dejó un trabajo insatisfactorio en una agencia y empezó a trabajar por su cuenta. Llevaba años soñando con ello, lo que no había imaginado era la presión añadida que tendría que soportar para obtener resultados y la necesidad de estructurar su vida. Probó unas cuantas aplicaciones para organizarse, pero ninguna tenía la flexibilidad que él necesitaba. Pasó a utilizar libretas para hacer listas de cosas pendientes, pero eran un caos. Los clientes lo llamaban sin previo aviso y él empezaba a revisar a toda velocidad seis libretas distintas para encontrar las notas que necesitaba. Sabía que lo había escrito... en algún sitio. Todos estos momentos frenéticos le minaban la confianza. Como persona sin capacidad natural para venderse, le costaba mucho conseguir trabajos y, una vez conseguidos, parecía que toda una nueva serie de fuentes de estrés le esperaba. Se preguntaba si se había equivocado al ponerse a trabajar por su cuenta. Entonces, le vino a la cabeza el recuerdo lejano de un video de un tipo haciendo una demostración de un sistema supercomplejo para llevar un diario que él juraba que funcionaba. Empezó a buscar en Google todo tipo de palabras clave extrañas hasta que al final encontró BulletJournal.com. El sistema no era tan complejo como recordaba. Agarró una libreta nueva y empezó a consolidar en ella todo lo que tenía que hacer.

Cambiaron algunas cosas. Se volvió mucho más introspectivo. Comprendió que le encantaba hacer listas de cosas pendientes y aún más tachar tareas. Y, lo mejor, la confianza en sí mismo empezó a tener espacio para florecer en su libreta limpia y clara: tener las cosas escritas le proporcionaba la confianza que necesitaba cuando hablaba por teléfono con un cliente. Estar preparado y conocer su material hacía que se sintiera menos como un comercial y más como un artesano. El método Bullet Journal proporcionó un contexto que permitió que Anthony explorara su potencial.

Este es un aspecto muy importante de la metodología: nos ayuda a cultivar una mejor idea de nosotros mismos tanto dentro como fuera de nuestro ámbito profesional. El simple acto de pararnos a apuntar las importantes minucias de la vida va mucho más allá de la simple organización. Ha ayudado a mucha gente a reconectar consigo misma y con lo que le importa.

Actualmente, paso mucho tiempo conectado con otros usuarios del método como Sandy y Anthony y respondiendo preguntas de la comunidad. Muchos buscan ampliar las funcionalidades de sus Bullet

Journals. Otros van más a fondo e intentan enfrentarse con ellos a desafíos universales que se han amplificado en nuestro frenético mundo actual. En este libro intento abordar esas preguntas y mostrar cómo la ayuda de una simple libreta no tiene precio a la hora de develar las respuestas.

El método Bullet Journal consta de dos partes: el sistema y la práctica. Primero aprenderemos el sistema, para enseñarte cómo convertir una libreta en una potente herramienta de organización. Después examinaremos la práctica. Consiste en una fusión de filosofías de varias tradiciones que definen cómo vivir una vida con sentido, tanto desde un punto de vista productivo como vital. El resultado de mi esfuerzo para traducir este conocimiento atemporal en acción dirigida es el método Bullet Journal, el sistema analógico para la era digital. Te ayudará a hacer un seguimiento del pasado y ordenar el presente para que puedas diseñar tu futuro. Originalmente, lo desarrollé para superar mis propios retos organizativos. Sin embargo, con los años, ha madurado en forma de sistema operativo personal que ha cambiado profundamente mi vida para mejor. Tengo la esperanza de que también pueda hacerlo con la tuya.

LA PROMESA

La vida estaba llena de cosas que hacer. Parecía que mi existencia se había convertido en una larga lista de tareas pendientes. Había olvidado mis sueños, mis objetivos, mis «qué pasaría si» y mis «si pudiera».

AMY HAINES

El objetivo del método Bullet Journal es ayudarnos a ser más conscientes de cómo invertimos los dos recursos más valiosos de nuestra vida: nuestro tiempo y nuestra energía. Si vas a invertir ambas cosas en leer este libro, es justo que empiece destacando lo que vas a obtener. Resumiendo:

El método Bullet Journal te ayudará a hacer más cosas trabajando menos. Te ayudará a identificar y a concentrarte en lo que es importante y a separarlo de lo que no lo es.

¿Cómo lo hace? Aunando productividad, *mindfulness* e intencionalidad en un contexto flexible, indulgente y, sobre todo, práctico. Veamos a fondo cada uno de estos puntos.

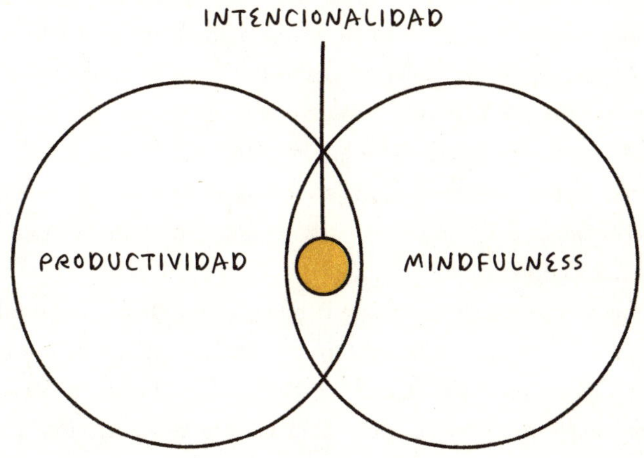

Productividad

¿Alguna vez sientes que te superan las responsabilidades? En ocasiones la vida parece un juego infernal que consiste en una sucesión sin fin de quehaceres, reuniones, correos electrónicos y mensajes que atender. La locura de la multitarea hace que intentemos colar en nuestro día rutinas de ejercicio que consisten en correr de un lado a otro de nuestro departamento mientras hacemos una videoconferencia por el celular con nuestra hermana, que pregunta por qué respiramos tan fuerte. No dedicamos a nada la atención que merece y la sensación no es agradable. Nos gusta tan poco decepcionar a los demás como decepcionarnos a nosotros mismos. Para hacer más cosas, incluso hemos mutilado nuestras horas de sueño, reduciéndolas al mínimo indispensable para funcionar, el problema es que ahora parecemos zombis porque... hemos mutilado nuestras horas de sueño para reducirlas al mínimo indispensable.

Retrocedamos un poco. Cada año entre 1950 y 2000, los estadounidenses han aumentado su productividad entre un uno y un cuatro por ciento.[1] Sin embargo, desde 2005, este crecimiento ha frenado en las economías avanzadas, con un descenso en la productividad detectado en Estados Unidos en 2016.[2] Tal vez, en realidad, la tecnología, que evoluciona a una velocidad vertiginosa y que nos promete opciones casi ilimitadas para mantenernos ocupados, no nos hace más productivos.

Una posible explicación para la ralentización de nuestra productividad es que estamos paralizados por una sobrecarga de información. Tal y como dice Daniel Levitin en *The Organized Mind*, la sobrecarga informativa es peor para nuestra concentración que el agotamiento o que fumar marihuana.[3]

Así que parece lógico que, para ser más productivos, necesitemos una manera de reducir el flujo de distracciones digitales. Aquí es donde entra el método Bullet Journal, una solución analógica que proporciona el espacio *offline* que necesitamos para procesar, pensar y concentrarnos. Cuando abrimos nuestra libreta, desconectamos automáticamente. La entrada de información se pone en pausa momentáneamente para que la mente se ponga al día. Las cosas se vuelven menos borrosas y podemos, por fin, examinar nuestra vida con mucha más claridad.

El método Bullet Journal nos ayudará a despejar nuestra abarrotada mente para poder, por fin, examinar nuestros pensamientos desde una distancia objetiva.

A menudo improvisamos maneras de organizarnos sobre la marcha. Un poco con una aplicación, otro poco con un calendario. Con el tiempo, esto acaba siendo un Frankenstein poco productivo y manejable compuesto de post-its, distintas aplicaciones y correos electrónicos. Funciona, más o menos, pero también da la sensación de que se rompe por las costuras. Perdemos el tiempo intentando decidir dónde debería ir cada información e intentando localizarla más adelante. ¿Lo escribí en la aplicación de notas o en un post-it? Y, por cierto, ¿a dónde fue a parar el post-it?

Muchas grandes ideas, pensamientos cruciales o cosas importantes «para tener en cuenta» han caído víctimas de una nota traspapelada o una aplicación desactualizada. Es un conglomerado de ineficiencia que consume nuestro ancho de banda, pero que es totalmente evitable. El método Bullet Journal está diseñado para ser nuestra «fuente de certezas». No, no se trata de una invitación turbia a venerar esta metodología. Significa que ya no tendremos que volver a preguntarnos dónde están nuestros pensamientos.

El método BuJo nos da el timón. Aprenderemos a dejar de reaccionar y a empezar a responder.

Una vez aprendamos a guardar los pensamientos en un solo lugar, examinaremos cómo priorizarlos de manera efectiva. Todas las personas que nos llaman, nos mandan correos electrónicos o mensajes quieren una respuesta inmediata. En lugar de ser proactivos a la hora de establecer prioridades, muchos de nosotros nos limitamos a dejar que sea el flujo de peticiones externas lo que las establezca. Distraídos e intentando abarcar más de la cuenta, nuestras oportunidades se van a pique. Adiós a la posibilidad de mejorar nuestro promedio, conseguir un ascenso, correr el maratón o leer un libro cada dos semanas.

Aprenderemos a enfrentarnos a retos complicados y a convertir nuestros intereses indeterminados en objetivos con sentido, a dividir los objetivos en esprints más pequeños y manejables y, finalmente, a pasar a la acción de manera efectiva. ¿Cuál es el siguiente paso para mejorar tu promedio este semestre? ¿Sacar un excelente en todas las materias? No. Piensa en algo más gradual. ¿En qué materia te estás quedando atrás? ¿Cuál es la siguiente tarea para esa materia? Hacer un trabajo. Bueno, ¿qué libro tienes que leer antes de hacer ese trabajo? Ir a buscar ese libro a la biblioteca, esa es la cosa más importante que tienes que hacer ahora. ¿Y qué pasa con ese trabajo para subir la calificación en la materia en la que ya eres excelente? Una pérdida de tiempo.

En este libro, presentaremos técnicas científicamente probadas que convierten cualquier libreta en una potente arma para hacer aflorar oportunidades y eliminar distracciones para poder enfocar nuestro tiempo y energía en lo que de verdad importa.

Mindfulness

Vaya, ya estamos con la palabrita de moda. Calma, no vamos a ponernos místicos. Cuando hablamos de *mindfulness* solemos referirnos a ser muy conscientes del presente. La productividad está muy bien, pero el método BuJo no está diseñado para correr más deprisa en la rueda del hámster.

Vivimos en una época en la que la tecnología nos promete opciones casi ilimitadas para mantenernos ocupados, pero, en cambio, nos sentimos más distraídos y desconectados que nunca. Igual que cuando volamos, vemos pasar el mundo a casi 1 000 kilómetros por hora sin saber dónde estamos exactamente. Con suerte, quizá vemos un trocito de océano brillando debajo de nosotros o rayos atravesando oscuras nubes distantes. Sin embargo, la mayor parte del tiempo estamos semiconscientes matando el tiempo que queda hasta el inquietante aterrizaje.

Si el viaje es el destino, entonces debemos aprender a ser mejores viajeros. Para ser mejores viajeros, lo primero es aprender a orientarnos. ¿Dónde estamos ahora? ¿Queremos estar aquí? Si no, ¿a dónde queremos ir?

Para navegar con éxito por el mundo que nos rodea, debemos mirar en nuestro interior.

El *mindfulness* es el proceso de despertarnos y ver qué tenemos ante nuestros ojos. Nos ayuda a ser más conscientes de dónde estamos, quiénes somos y qué queremos. Aquí es donde entra el BuJo. El acto de escribir a mano lleva a nuestra mente al momento presente como ninguna otra cosa a nivel neurológico.[4] Es en el momento presente donde empezamos a conocernos a nosotros mismos. Joan Didion, conocida por promover el hábito de apuntar las cosas, empezó a hacerlo a los cinco años. Ella creía que las libretas eran uno de los mejores antídotos para un mundo distraído. «Olvidamos enseguida cosas que creíamos que no olvidaríamos nunca. Olvidamos los amores y las traiciones por igual, olvidamos lo que susurramos y lo que gritamos, olvidamos quiénes éramos... Por eso, es una buena idea mantenerse en contacto y supongo que en eso consisten las libretas. Y, cuando se trata de mantener las líneas de comunicación abiertas con nosotros mismos, estamos solos: tu libreta nunca me ayudará a mí ni la mía a ti.»[5]

Pero no teman, nativos digitales, si es que lo son. Borren de su mente esa figura estrábica dickensiana con joroba garabateando sin parar en un desván a la tenue luz de una vela. No, aquí aprenderemos a capturar pensamientos de forma rápida y efectiva. Aprenderemos a llevar un diario al ritmo de la vida.

Y aquí es donde entra en juego el método BuJo. Exploraremos diversas técnicas que nos ayudarán a crear el hábito de formular estas preguntas para dejar de perdernos en las actividades diarias. En otras palabras, el método Bullet Journal hace que seamos conscientes de por qué hacemos lo que hacemos.

Intencionalidad

Piensa en un libro, una conferencia o una cita que te conmoviera profundamente o que cambiara tu forma de ver la vida. Lo que te inspiró, lo que era aquella promesa, era la sabiduría que contenía. Lo único que tenías que hacer era poner en práctica ese conocimiento recién descubierto y las cosas serían más fáciles, mejores, más claras y más empoderadoras.

Pero ¿cuánto de ese conocimiento sigues aplicando no solo intelectualmente, sino en la práctica? ¿Te convertiste en mejor persona, amigo o compañero? ¿El alivio fue duradero? ¿Eres más feliz? Lo más probable es que lo que aprendiste se haya marchitado, si es que ha sobrevivido siquiera. No es que no fuera útil. Lo que pasa es que no se convirtió en hábito. ¿Y por qué?

El ajetreo de nuestras vidas ocupadas puede ir excavando una brecha entre nuestras acciones y nuestras creencias. Tendemos a seguir el camino que ofrece menor resistencia, incluso cuando nos aleja de lo que nos importa. Efectuar el cambio que buscamos puede requerir mucho esfuerzo continuado. Como les dirá cualquier deportista, hay que romper el músculo para que crezca, una y otra vez. Igual que para hacer músculo, tenemos que entrenar nuestras intenciones para hacerlas resilientes y fuertes.

Es fácil «olvidarse» de meditar o inventar excusas para saltarse la clase de yoga, pero ignorar tus obligaciones diarias conlleva consecuencias serias e inmediatas. Para introducir una nueva rutina sostenible, tiene que encajar en tu horario abarrotado. ¿Qué pasaría si tuvieras un método que protegiera tus intenciones y te mantuviera más organizado a lo largo del día?

El método Bullet Journal actúa como un puente entre nuestras creencias y nuestras acciones integrándose en el meollo de nuestras vidas.

Además de organizar sus obligaciones, Amy Haines usó su Bullet Journal para hacer un seguimiento de ideas para su negocio, personas de las que quería aprender, aplicaciones a las que echar una ojeada e incluso nuevos tés que probar. Personalizó sus colecciones —de las que hablaremos más adelante— para superar esa sensación de tener listas eternas de cosas por hacer y para tener presente lo que de verdad quería hacer. Fue capaz de recuperar las cosas que le importaban y que había perdido.

Mediante el método Bullet Journal, adquiriremos automáticamente el hábito de la introspección, gracias a la cual empezaremos a definir qué es importante, por qué es importante, y descubriremos cuál es la mejor manera de dedicarse a ello. Recibimos un amable recordatorio de todo esto cada día, lo que hace que sea más fácil ponerlo en práctica allí donde estemos, ya sea en una sala de juntas, en una clase o incluso en urgencias.

Los usuarios del método Bullet Journal han conseguido los trabajos de sus sueños, han lanzado empresas, han acabado con relaciones tóxicas, se han mudado o, en algunos casos, sencillamente, están más satisfechos con quienes son al haber incluido el BuJo en su rutina. Esta metodología se apoya en la sabiduría de tradiciones de todo el mundo. Como un prisma invertido, el método Bullet Journal absorbe estas tradiciones y las concentra en un solo rayo luminoso que nos ayudará a ver con claridad dónde estamos y a iluminar el camino que tenemos por delante. Hará que pasemos de ser pasajeros a pilotos mediante el arte de vivir con intención.

LA GUÍA

El método Bullet Journal no es uno de esos amigos que desaparecen cuando las cosas se ponen feas. Ha sufrido y celebrado conmigo diligentemente en todos los momentos de mi vida. Ha servido a todas mis antiguas facetas: el estudiante, el becario, al que le rompieron el corazón, el diseñador y más. Siempre me acoge sin juzgarme y sin esperar nada de mí. Cuando me preparaba para escribir este libro, quería crear algo que pudiera servirte de la misma manera. Este libro está diseñado como el campamento base de tu Bullet Journal. Aquí nos prepararemos para el primer ascenso y volveremos cuando necesitemos descansar, reponer los víveres o recalibrar.

Para los que están empezando

Si esta es tu primera experiencia con el método Bullet Journal, ¡déjame darte la bienvenida! Muchas gracias por invertir tiempo en esto. Para aprovechar al máximo este libro, te animo a leerlo de manera lineal, de principio a fin. El camino está diseñado para ser participativo. Utilizaremos el poder de la transcripción (página 59) para ayudarte a imprimir el sistema más rápido en tu mente. Lo único que necesitas es un papel en blanco, una libreta vacía y algo con lo que escribir.

El método Bullet Journal consta de dos componentes principales: el sistema y la práctica. La parte II de este libro se concentrará en el sistema. Aprenderás los nombres de los ingredientes y cómo se usan. Como en una cocina, las partes I y II te ayudarán a ser un cocinero más hábil. En las partes III y IV es donde ahondamos en la práctica. Ahí es donde te convertirás en chef. Exploraremos las fuentes y los razonamientos científicos que hay detrás de estos ingredientes, de modo que puedas personalizar el Bullet Journal para que se ajuste a tus necesidades.

Para los expertos en el método Bullet Journal y cualquiera que se encuentre entre los dos extremos

Los capítulos han sido diseñados como colecciones independientes (página 97), imitando la estructura del sistema Bullet Journal. Si te sientes cómodo con la terminología del BuJo, puedes abrir el libro por cualquier capítulo que te llame la atención. Si no, ¡consulta la parte II!

La parte II ahonda con gran detalle en el sistema que ya conoces y te encanta. En ella, observaremos en detalle las colecciones y técnicas clave y mostraremos los razonamientos y las historias que se esconden detrás de cada uno de los diseños. Después, en la parte IV, aplicaremos estos conceptos a un proyecto ficticio. Aquí aprenderás cómo ampliar y personalizar aún más el sistema.

Sin embargo, el sistema es solo una parte del método Bullet Journal.

Las primeras partes de este libro tratan sobre cómo hacer un Bullet Journal. Las últimas partes tratan sobre por qué hacerlo.

Si llevas algún tiempo haciendo Bullet Journals, quizá hayas tenido la sensación de que son algo más que unas listas organizadas. Quizá hayas notado que estás más centrado, concentrado, tranquilo o, incluso, inspirado. Eso es porque el método Bullet Journal se apoya en distintas disciplinas científicas y filosóficas para ayudarnos a vivir con más intención. En este libro, develaremos por qué el método Bullet Journal tiene los efectos que tiene. Aportar todo este contexto no solo validará lo que ya estás haciendo, sino que puede llevar tu práctica del BuJo a un nuevo nivel.

Estés en el nivel en el que estés, seas un novato o un experto del Bullet Journal, este libro es una mirada al alma del método, allí donde el *mindfulness* se junta con la productividad y nos ayuda a diseñar una vida que deseamos vivir.

EL PORQUÉ

Vivir con intención es el arte de tomar nuestras propias decisiones antes de que las decisiones de los demás nos tomen a nosotros.

Richie Norton

Mi primera *start-up*, Paintapic, nació en un armario lleno de miles de botecitos de pintura del tamaño de dedales. El servicio permitía convertir fotografías en kits personalizados compuestos por lienzo, pinturas y pinceles para pintar siguiendo un código numérico. En aquella época, yo tenía un empleo a tiempo completo muy exigente, así que creé Paintapic solamente por las noches y durante los fines de semana.

En mi trabajo a jornada completa había habido un cambio en la dirección y habían eliminado los proyectos creativos que me hacían disfrutar del trabajo. Con el tiempo, este nuevo enfoque me limitó tanto que yo ya no sentía que aportaba ningún valor añadido a la empresa. Sin embargo, la posibilidad de hacer crecer Paintapic estaba limitada por el tiempo que yo podía dedicarle. Enterré mi vida social y me lancé a trabajar en Paintapic.

El otro fundador de la empresa había convencido a su jefe para que nos alquilara una bodega que no utilizaba para convertirlo en nuestra oficina. Aquella habitación oscura con una única ventana esmerilada devoró nuestras noches y fines de semana durante casi dos años. En aquella habitación, que parecía el cráneo de un cíclope abarrotado de trastos, se tomaron miles de decisiones. Nos volcamos en cada detalle, incluso en el número de cerdas de los pinceles.

Al final, llegó el momento que habíamos estado esperando: el día del lanzamiento. Los envíos salieron. El dinero entró. Teníamos beneficios. Nos estaba yendo bien en el mundo real sin ningún inversor externo. Eso es raro en el caso de las *start-up*. Lo nuestro era, sin lugar a dudas, un (humilde) éxito.

En cuanto lanzamos la página web, hice un encargo a través de ella. Recuerdo cuánto me emocionó recibir el kit por correo. ¡Ahí estaba, era real y funcionaba! Pero en cuanto terminé de subir las escaleras que llevaban a mi departamento, mi mente ya estaba ocupada con otra cosa. Hasta hoy, ese kit sigue por ahí sin abrir; un dibujo gracioso de un pug (nuestra mascota no oficial) esperando para siempre a ser pintado.

Rápidamente, esa indiferencia inundó todos y cada uno de los aspectos relacionados con dirigir la empresa. Se instalaron en mí una profunda confusión y frustración. Sobre el papel, había logrado todo lo que me habían dicho que me haría feliz. Había sacrificado muchas cosas para llegar hasta ese punto, pero, ahora que lo había logrado, parecía que nada de aquello importaba. No era el único. Mi socio parecía sentir lo mismo. El proceso de crear la empresa, la presión que habíamos sentido, nos había hecho olvidar una verdad esencial: no estábamos hechos para eso de pintar siguiendo un código numérico. Aunque nuestro producto añadía valor a las vidas de nuestros clientes, añadía muy poco valor a las nuestras. No nos apasionaba nuestro producto, solo nos habíamos enamorado del desafío empresarial.

¿Cuántas veces nos pasa esto? Trabajamos increíblemente duro en algo solo para descubrir que ese algo nos deja con una sensación de vacío. Y lo compensamos trabajando aún más. Razonamos que, tal vez, si invertimos más horas, al final podremos apreciar los frutos del trabajo. ¿Por qué sucede esto?

¿Cuál es la auténtica motivación para levantar pesas, seguir una dieta o trabajar hasta tan tarde? ¿Estamos intentando levantar 5 kilos por motivos de salud o porque tenemos una relación tóxica que nos está destruyendo la confianza en nosotros mismos? Tal vez no eres consciente de que te estás matando con el trabajo solamente para posponer una conversación difícil con tu pareja. Si es así, da igual cuánto tiempo inviertas en la oficina, el alivio no será duradero, porque estás escalando la montaña equivocada. Tenemos que entender qué es lo que realmente dirige nuestra motivación antes de empezar a ascender.

Nuestras motivaciones están muy influidas por los medios de comunicación. Las redes sociales están pobladas por un sinfín de imágenes de salud, viajes, poder, relajación, belleza, placer y amor al estilo de Hollywood. Esta rueda virtual perpetua se filtra en nosotros y contamina nuestra idea de la realidad y nuestra autoestima cada vez que entramos en internet. Comparamos nuestras vidas con esas construcciones mayoritariamente artificiales y estructuramos nuestros planes acorde a ellas, con la esperanza de poder llegar a adquirir el boleto dorado que nos dará acceso a esas fantasías irreales. Convenientemente fuera de plano están los meses de planificación, el talento haciendo fila en estudios de *casting* con los *books* debajo del brazo, los equipos de producción, las dobles filas de camiones cargados con material de rodaje, las largas temporadas en paro, las semanas de lluvia que interrumpieron los rodajes, las intoxicaciones alimentarias durante el rodaje en otros países, los decorados vacíos cuando todo el mundo se va a casa. Distraídos por esta corriente sin fin de imágenes aspiracionales, perdemos la oportunidad de definir por nosotros mismos qué es importante.

Bronnie Ware, una enfermera y escritora australiana que pasó varios años trabajando en cuidados paliativos con pacientes que estaban en sus últimas semanas de vida, recopiló las cinco cosas de las que más pacientes se arrepentían. El primer motivo de arrepentimiento era que a esas personas les habría gustado ser fieles a sí mismas:

«Cuando las personas se dan cuenta de que su vida está a punto de acabar y la observan con la mente clara, es fácil ver cuántos sueños han quedado por cumplir. La mayoría de las personas no ha cumplido ni la mitad de sus sueños y muere sabiendo que eso se debe a las decisiones que ha tomado o dejado de tomar.»[6]

Hay decisiones de todo tipo: buenas, malas, grandes, pequeñas, sencillas y difíciles, por nombrar solo algunas. Podemos tomarlas sin pensar o con intención. Pero ¿qué significa eso? ¿Qué significa vivir una vida con intención? El filósofo David Bentley Hart define la intencionalidad como «el poder fundamental de la mente para dirigirse hacia algo..., un objeto específico, un propósito o un fin».[7] El término deriva de un estudioso y filósofo medieval, así que me gustaría actualizar un poco la definición y adaptarla a nuestros objetivos. La intencionalidad es el poder de la mente para dirigirse hacia aquello que consideramos importante y emprender acciones para alcanzar ese fin.

Si intencionalidad significa actuar según las propias creencias, entonces lo opuesto sería funcionar con el piloto automático puesto. En otras palabras, ¿sabes por qué haces lo que haces?

No podemos ser fieles a nosotros mismos si no sabemos qué queremos y, aún más importante, por qué lo queremos; por lo tanto, por ahí es por donde tenemos que empezar. Es un proceso que requiere cultivar continuamente nuestra autoconsciencia. Esto puede parecer inútil, pero puede ser algo tan sencillo como prestar atención a las cosas que nos hacen vibrar, a las cosas que despiertan nuestro interés y, lo que es igual de importante, a las cosas que no. Cuando empecemos a identificar las cosas que nos atraen, podremos empezar a definir correctamente nuestros sueños, basándonos en lo que de verdad creemos.

Cuando creemos en lo que hacemos, dejamos de fichar sin prestar atención. Nos convertimos en personas más innovadoras, creativas y presentes. No solo trabajamos más duro, sino mejor, porque tanto nuestro corazón como nuestra mente están de verdad implicados en la tarea.

Cultivar esta autoconsciencia es un proceso que puede durar toda la vida, pero empieza por conectar con nosotros mismos. Y ahí es donde entra en juego el método Bullet Journal. Podemos entender el Bullet Journal como una autobiografía en proceso. Nos permite ver con claridad lo que el ajetreo diario tiende a ocultar. Puedes hacer un seguimiento de las decisiones que has tomado y las acciones que has realizado y que te han llevado a donde estás ahora. Te animo a aprender de las experiencias. ¿Qué ha funcionado, qué no, cómo te has sentido y cuál es el siguiente paso? Día a día, profundizas en tu autoconsciencia al convertirte en un testigo constante de tu historia. Con cada página, mejoras tu habilidad para discernir lo importante del sinsentido. Si no te gusta cómo se está desarrollando tu vida, habrás desarrollado la capacidad y la determinación que se necesitan para cambiar tu historia, tal y como hicieron Rachael M. y su marido:

Trabajo a tiempo completo como diseñadora gráfica, dirijo mi propia empresa y dedico varios días a la semana a ser monitora juvenil, además de ayudar a mi marido en la iglesia. Mi marido y yo nos conocimos hace dos años. Nos encanta estar casados, pero, casi desde el minuto uno, teníamos tantas necesidades, tantas cosas que recordar y programar, que nos estábamos volviendo locos.

A mi marido y a mí nos estaba costando comunicarnos y mantenernos al día con el horario del otro. Íbamos a trabajar y hacíamos la compra de vuelta a casa, limpiábamos la casa e intentábamos recordar todo lo demás que teníamos que hacer. Para entonces ya era hora de irnos a dormir y al día siguiente volvía a ser lo mismo. Además, descubrimos que yo tenía un problema de tiroides y alergia al gluten y a la lactosa. Eso complicaba la preparación de las comidas. Yo estaba completamente superada.

También nos costaba pasar tiempo de calidad juntos. Obviamente, todo el mundo sabe que eso es crucial para tener un matrimonio feliz y sano. Sin embargo, dado que mi marido es pastor, trabaja, en gran parte, por las tardes y durante los fines de semana y tiene tiempo libre cuando el resto de la gente suele trabajar. Yo trabajo de nueve a cinco de lunes a viernes. Era extremadamente difícil encontrar formas de pasar tiempo juntos. Yo soy la extrovertida de la relación y empecé a sentirme muy sola, porque tenía que dedicarle mucho tiempo a su trabajo durante los fines de semana.

Sabíamos que teníamos que hacer algo, así que empezamos a programarlo todo en nuestros Bullet Journals. Usábamos el registro semanal y mensual para adelantarnos a nuestros horarios y ver qué nos esperaba en los próximos días. Esto nos daba una idea de lo ocupados que íbamos a estar y nos ayudaba a prever cuándo tendríamos que reservar algunas horas solo para nosotros. También me ayudó a comprender que la clave para sentir que pasaba suficiente tiempo con él era estar los sábados juntos, así que ajustamos nuestros horarios para asegurarnos de que los dos protegíamos la mayor cantidad posible de sábados para pasarlos juntos.

El método Bullet Journal también nos ayudó a reenfocar nuestros objetivos personales. Tanto mi marido como yo estábamos solteros y teníamos una carrera sólida antes de empezar a salir juntos. Como a los dos nos encanta nuestro trabajo, le dedicamos mucha atención y eso es importante para nosotros. Tuvimos que aprender a priorizar nuestro matrimonio en lugar de solo el trabajo. Podríamos haber usado calendarios digitales para sincronizarnos, pero la disciplina de lo analógico y la experiencia de sentarnos con nuestros Bullet Journals y marcar físicamente las actividades nos ayudaba a tener conversaciones necesarias y a pensar a largo plazo en lugar de dejarnos cegar constantemente por las obligaciones más cercanas. También nos ayudó a expresar preocupación si empezábamos a agendar muchas cosas fuera de casa. Nos hacía sentir como una unidad que planificaba una vida conjunta, en lugar de intentar hacer cuadrar dos calendarios muy llenos. Ahora nos encanta nuestro matrimonio y nuestro trabajo y queremos ayudarnos mutuamente a triunfar en nuestras profesiones.

Ahora, casi ocho meses después, estamos rindiendo más que nunca en todas las áreas de nuestra vida, ¡y todo antes de las 8 de la tarde! Gracias al método Bullet Journal llevo las riendas de mi vida. Sé lo que me espera. He creado momentos para reflexionar y asegurarme de que realmente me concentro en lo correcto. Y he renovado la confianza en mi matrimonio y en la iglesia, porque sé que mi marido y yo nos entendemos y trabajamos para lograr unos objetivos definidos que compartimos; los hemos escrito en las portadas de nuestros diarios.

Rachael M.

Esto es lo que significa vivir una vida con intención. No se trata de vivir una vida perfecta, fácil, o que todo nos salga bien siempre. Ni siquiera se trata de ser feliz, aunque la alegría a menudo nos espera a lo largo del camino. Vivir una vida con intención consiste en mantener las acciones y las creencias alineadas. Consiste en escribir una historia en la que creamos y de la que nos podamos sentir orgullosos.

DESPEJAR LA MENTE

No tengas nada en casa que no sepas que es útil o creas que es bello.

WILLIAM MORRIS

Hay estudios que calculan que tenemos entre 50 000 y 70 000 pensamientos cada día.[8] Para contextualizar esto: si cada uno de esos pensamientos fuera una palabra, estaríamos generando contenido para llenar un libro cada día. Cada día. A diferencia de los libros, nuestros pensamientos no están ordenados ni organizados. Los días buenos, somos vagamente coherentes. Esto hace que nuestra mente se pase todo el tiempo intentando poner algo de orden en el galimatías de la materia gris. ¿Por dónde empezamos? ¿Qué va primero? Inevitablemente, nos encontramos haciendo demasiadas cosas al mismo tiempo, dispersando nuestra concentración de manera que nada recibe la atención que merece. Solemos llamar a esto *estar ocupados*. Sin embargo, estar ocupado no es lo mismo que ser productivo.

Para la mayoría de nosotros, «estar ocupados» es una manera elegante de decir que estamos superados a nivel funcional.

¿Qué significa eso? No tenemos tiempo porque estamos trabajando en un montón de cosas, pero las cosas a menudo no salen bien. Este fenómeno no es un problema del siglo XXI, pero ha sido exacerbado por el número incalculable de opciones que la tecnología nos ha puesto al alcance de la mano. Sea lo que sea lo que hay que hacer, ¿hacemos un documento, mandamos un mensaje de texto, llamamos, enviamos un correo electrónico, arrastramos un elemento, lo colgamos en Pinterest, hacemos un tuit, una videollamada por Skype, o mejor por FaceTime, o Zoom, o mandamos un SMS, o gritamos al asistente de nuestro celular para que lo haga? ¿Y en qué orden lo hacemos? (Ah, y antes de empezar siquiera, tendremos que actualizar, mejorar, reiniciar, poner contraseñas, autentificar, recuperar contraseñas olvidadas, limpiar las *cookies*, vaciar la caché y sacrificar a nuestro primogénito para poder... ¿qué estábamos haciendo?)

Esta libertad de elección es un arma de doble filo. Cada decisión requiere que nos concentremos y concentrarse es una inversión de tiempo y energía. Ambos recursos son limitados y, por lo tanto, extremadamente valiosos.

Warren Buffett, uno de los inversores con más éxito de todos los tiempos, le dio un consejo a su piloto de confianza, Mike Flint. Habían estado hablando de los planes a largo plazo de Flint. Buffett le dijo a Flint que hiciera una lista con sus veinticinco objetivos laborales más importantes. Después, Buffett le pidió a Flint que marcara los cinco más importantes. Cuando Buffet le preguntó a Flint por qué había marcado esos y no otros, él respondió: «Bueno, los cinco más importantes son en los que debo concentrarme, pero los otros veinte están muy cerca, en segunda posición. Siguen siendo importantes, así que trabajaré en ellos de manera intermitente, como pueda. No son urgentes, pero tengo pensado esforzarme igualmente en ellos».

A lo que Buffett respondió: «No. Te equivocas, Mike. Todo lo que no has marcado tiene que convertirse en tu lista de "no tocarlo ni con un palo". Pase lo que pase, esas cosas no tienen que recibir ningún tipo de atención por tu parte hasta que hayas logrado las cinco primeras».[9]

En una entrevista publicada en *Vanity Fair*, el expresidente de los Estados Unidos Barack Obama dijo: «Verán que solo llevo trajes grises o azules. Intento reducir el número de decisiones que tomo. No quiero tener que decidir qué como ni qué me pongo porque tengo muchas otras decisiones que tomar».[10] Lo mismo sucede con el fundador de Facebook, Mark Zuckerberg, y sus sudaderas grises o el fundador de Apple, Steve Jobs, y su famoso uniforme que consistía en pantalones de mezclilla y suéter de cuello de tortuga negro. Extremadamente conscientes del precio que conlleva tomar decisiones, intentan limitar el número de decisiones que toman siempre que pueden.

Como el psicólogo Roy F. Baumeister escribió en su libro *Willpower*: «Da igual lo racionales o rectos que intentemos ser, no podemos tomar decisión tras decisión sin pagar un precio biológico. Es un proceso distinto a la fatiga física, no somos conscientes de estar cansados, pero tenemos poca energía mental».[11] Este estado se conoce como *fatiga de decisión*. En otras palabras, cuantas más decisiones tomas, más difícil es hacerlo bien. Por eso es más probable tomar una cena no saludable al final del día que un desayuno no saludable al principio, cuando el depósito de fuerza de voluntad está lleno.

Si no se vigila, la fatiga de decisión puede conducir a evitar tomar decisiones. Eso es especialmente cierto en el caso de las grandes decisiones vitales que tendemos a posponer hasta el último minuto. Las decisiones que nos abruman no desaparecen, nos acechan en los márgenes y se vuelven cada vez más amenazadoras. ¿A qué universidad quiero ir? ¿Quiero casarme con esta persona? ¿Debería cambiar de trabajo? Cuando, finalmente, nos vemos obligados a decidir, después de haber tomado todas las demás decisiones para evitar tomar la importante, lo más probable es que ya no nos quede demasiada concentración que dedicarle. No hay duda de por qué a menudo nos sentimos estresados, ansiosos y superados.

Intentamos tratar esos síntomas con más distracciones. Beber, comer, viajar, ver series sin parar, etc. A pesar de que la lista de cosas pendientes de ver en Netflix nos daría para cuatro años, ¡nada nos parece lo bastante bueno! No podemos decidirnos y, encima, ahora estamos más estresados. Para que nuestro cambio sea duradero, tenemos que atacar la causa, no los síntomas.

Necesitamos reducir el número de decisiones que nos acechan para podernos concentrar en lo que importa.

El inventario mental

El primer paso para recuperarnos de la fatiga de decisión, para salir de debajo de la pila de decisiones que nos tiene atrapados, es tomar cierta distancia. Necesitamos algo de perspectiva para identificar y delimitar claramente las opciones que tenemos. Eso lo hacemos escribiéndolas. ¿Por qué las escribimos? Hasta que se toman, las decisiones no son más que pensamientos. Aferrarse a los pensamientos es como intentar agarrar un pez con las manos: se escurren y desaparecen en las profundidades de la mente. Escribir las cosas nos permite capturar nuestros pensamientos y examinarlos a la luz del día. Al externalizarlos, empezamos a despejar la mente. Entrada a entrada, creamos un inventario mental de las decisiones que consumen nuestra atención. Es el primer paso para recuperar el control de nuestras vidas. Aquí es cuando podemos empezar a filtrar la señal y separarla del ruido. Aquí es donde empieza nuestro viaje con el método Bullet Journal.

Del mismo modo que cuando ordenamos un armario, tenemos que vaciar antes de decidir qué nos quedamos y qué no. Crear un inventario es una técnica sencilla que nos ayudará a evaluar qué hemos estado acumulando en el armario mental. Seguramente, tendremos un montón de responsabilidades inútiles acaparando espacio mental y emocional.

Para empezar, siéntate con esa hoja de papel que ya te he dicho que necesitarías. Ponla apaisada y divídela en tres columnas (puedes doblarla dos veces o dibujar las líneas como en el inventario mental de la página 51).

1. En la primera columna, escribe todas las cosas que estás haciendo ahora mismo.
2. En la segunda, escribe todas las cosas que deberías estar haciendo.
3. En la última, escribe todas las cosas que te gustaría hacer.

Procura que las entradas sean cortas y en forma de lista. Si una tarea dispara una lista de otras cosas, síguela hasta el final. Date tiempo para completar este ejercicio, profundiza. Hazlo con sinceridad. Sácalo todo de la cabeza (y del corazón) y ponlo en la página. Respira hondo y empieza.

INVENTARIO MENTAL

Qué estoy haciendo	Qué debería hacer	Qué me gustaría hacer
Declaración de la renta	Ejercicio	Planear las vacaciones a Hawái
Presentación para Acme S.A.	Aprender a invertir	Aprender a cocinar
Ordenar los álbumes de fotos	Planificar las comidas semanales	Aprender un idioma nuevo
Planificar la cena de los Emmy	Marcar mis objetivos a cinco años	Leer más
	Llamar a mis padres	Perder 5 kilos
	Hacerme una revisión	Pasar más tiempo con mis amigos
	Plan de pensiones	

El test

Este inventario mental que acabas de crear proporciona una imagen clara de en qué estás invirtiendo en estos momentos tu tiempo y tu energía. Es un mapa de tus decisiones. El siguiente paso es tener claro cuáles de estas decisiones vale la pena tomar.

Estamos tan ocupados con todas las cosas que hacemos (o que deberíamos estar haciendo) que olvidamos preguntarnos por qué lo hacemos. Acabamos cargándonos con todo tipo de responsabilidades innecesarias. El inventario mental nos proporciona la oportunidad de tomar distancia y preguntarnos por qué.

Adelante, pregúntatelo para cada elemento de tu lista. No hace falta que te metas en una espiral existencial. Limítate a hacerte dos preguntas:

1. ¿Importa? (Te importa a ti o a alguien a quien quieres)
2. ¿Es vital? (Como el alquiler, los impuestos, los préstamos, el trabajo, etc.)

Consejo: Si te cuesta responder a estas preguntas sobre un elemento en concreto, pregúntate qué sucedería si no hicieras lo que dice. Si no lo hicieras nunca. ¿Tendría consecuencias reales?

Cualquier elemento que no supere este test es una distracción. Aporta poco o ningún valor a tu vida. Táchalo. Sin piedad. Piensa que toda tarea es una experiencia que está esperando para nacer y te ofrece un atisbo de un posible futuro. Por eso, todos los puntos de la lista deben luchar a muerte para quedarse en ella. En concreto, todos los elementos deben ganarse la oportunidad de formar parte de tu vida.

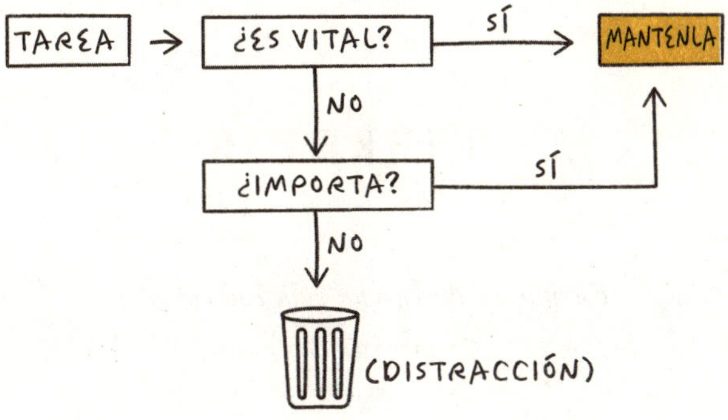

Cuando acabes, seguramente te quedarán dos tipos de tareas: las que tienes que hacer (tus responsabilidades) y las que quieres hacer (es decir, tus objetivos). A lo largo de este libro, te mostraré formas de avanzar en ambos frentes. De momento, tienes todos los ingredientes que necesitabas para llenar tu Bullet Journal. Todos, excepto la libreta.

Y ahora te preguntarás: ¿por qué no hemos hecho esto ya en la libreta? Es una buena pregunta. A medida que leas el libro, reflexiones y pruebes nuevas técnicas, verás cómo modificas y llenas aún más tu inventario mental. Cuando estrenes tu Bullet Journal, deberías hacerlo solo con las cosas que son importantes o que añadan valor a tu vida. Decidir qué cosas dejas entrar en tu vida es una práctica que no debería limitarse a las páginas de tu libreta.

LIBRETAS

Escribir un diario es un viaje hacia el interior.

Christina Baldwin

Las personas que descubren el método BuJo suelen preguntar por la libreta. ¿No podría usar una aplicación de listas? La respuesta corta es: claro que sí. De hecho, existen un montón de buenas apps orientadas a la productividad. ¡Yo mismo he trabajado en algunas de ellas! Como diseñador de productos digitales, puedo apreciar lo potentes y efectivas que pueden ser las herramientas digitales. De hecho, el método Bullet Journal fue diseñado usando metodologías que se utilizan en el desarrollo de programas informáticos. Dicho esto, el método Bullet Journal es mucho más que hacer listas. Es una metodología completa diseñada para ayudarnos a plasmar, ordenar y examinar nuestra experiencia. A medida que avancemos por este libro veremos exactamente por qué la libreta nos servirá en este aspecto. Ahora conoceremos qué motivos hay detrás de la elección de la libreta.

La tecnología elimina barreras y distancias entre las personas y la información. Podemos aprender casi cualquier cosa o comunicarnos con cualquiera, en cualquier momento, desde cualquier lugar, solo con dar unos toques en nuestro teléfono. Es algo de lo que nos aprovechamos, en promedio, cada doce minutos.[12] Sin embargo, todas estas facilidades tienen un precio, y no me refiero a la tarifa de datos, los problemas con los cargadores o los trocitos de alma que perdemos intentando razonar con los de atención al cliente.

En un mundo donde hay antenas de wifi hasta en los campanarios de las iglesias, ya no hay nada sagrado.[13] Desde la sala de reuniones hasta el baño, la tecnología ha inundado nuestras vidas con más contenido del que humanamente podemos absorber, llevándose nuestra capacidad de atención. Hay estudios que sugieren que nuestra atención se resiente simplemente por el hecho de tener un teléfono inteligente en la habitación, ¡aunque esté silenciado o apagado![14]

En 2016 el estadounidense medio pasó casi once horas al día delante de pantallas digitales.[15] Si restamos entre seis y ocho horas diarias de sueño (que también se ve amenazado por nuestros teléfonos),[16] acabamos con unas seis horas sin pantallas al día. Ahora pensemos en el tiempo que pasamos yendo a trabajar, cocinando y haciendo encargos y veremos a dónde quiero ir a parar: cada vez tenemos menos tiempo para pararnos a pensar.

Sentarnos con nuestra libreta nos proporciona un gran lujo. Nos proporciona espacio personal, libre de distracciones, durante el cual podemos conocernos mejor. Esta es una de las principales razones para usar una libreta para el método Bullet Journal: nos obliga a desconectar.

Nuestra libreta es un santuario mental en el que somos libres para pensar, reflexionar, procesar y concentrarnos.

Las páginas en blanco de la libreta ofrecen un patio de juegos seguro para la mente en el que somos completamente libres para expresarnos sin que nos juzguen o esperen nada de nosotros. Desde el momento en que ponemos el bolígrafo sobre el papel, estamos estableciendo una línea directa entre la mente y el corazón. Esta experiencia aún no ha podido ser replicada adecuadamente en el espacio digital. Por eso, aún hoy en día, hay tantas ideas que nacen en trozos de papel.

¿Otro motivo para usar libretas? La flexibilidad. Los programas informáticos tienden a ser o bien tan potentes que la mayoría de sus funcionalidades están solo al alcance de los exploradores más intrépidos (como sucede, por ejemplo, con Excel) o tan específicos que sacrifican funcionalidades en favor de más usabilidad, es decir, que hacen pocas cosas muy bien (por ejemplo, las aplicaciones para celulares). En ambos casos, nos obligan a operar dentro de un marco que ellos han elegido. Este es el principal reto de muchos programas orientados a la productividad: intentan sin éxito dar respuesta a la variabilidad y naturaleza evolutiva ilimitada de nuestras necesidades individuales. Las libretas, en cambio, dependen de sus autores. Sus funciones están limitadas por la imaginación de sus propietarios.

Lo que hace tan poderoso el método Bullet Journal es que se convierte en lo que necesites que sea, da igual en qué estadio de tu vida te encuentres.

En el colegio, puede servir para tomar y organizar los apuntes. En el trabajo, puede ser una herramienta para organizar proyectos. En casa, te puede ayudar a fijar y hacer un seguimiento de tus objetivos. Robyn C., por ejemplo, encontró tiempo para meditar 432 días consecutivos después de diseñar una plantilla de seguimiento de la meditación en su Bullet Journal. Hizo lo mismo cuando estaba tratando de descubrir cuál era el desencadenante de sus alteraciones del sueño. Yo no inventé esas herramientas, lo hizo ella.

Por cómo está estructurado el método Bullet Journal, puede ser muchas cosas al mismo tiempo. Más que una herramienta, es una caja de herramientas. Te permite canalizar una gran parte de tus necesidades de productividad hacia un solo punto. Tendrás una perspectiva más completa de tu vida, una que te permitirá hacer conexiones no convencionales. En palabras de Bert Webb, usuario del método: «Cuando hago revisiones diarias, semanales y mensuales pasando las páginas de mi Bullet Journal en una y otra dirección, mi cerebro establece inevitablemente conexiones entre ideas que no había sido capaz de establecer cuando usaba herramientas digitales separadas».

Otra cosa magnífica es que cada día empiezas de cero. Con las herramientas digitales, entras en su juego y acabas en algún lugar de una carrera sin fin que empezó cuando descargaste la aplicación y acaba..., ¿cuándo acaba? Tu libreta te saluda cada mañana con la pureza de la página en blanco. Es un pequeño recordatorio de que el día aún está por escribir, que será lo que tú quieras que sea. Como explica el usuario Kevin D.: «Antes, me sentía mal cuando me quedaban cosas por hacer al final del día, pero, con el método Bullet Journal, siento que puedo mover las tareas pendientes de ayer a una página nueva, porque cada día empiezo de cero».

Por último, la libreta evoluciona a tu ritmo. Podría hablarse de un fenómeno de coiteración. Se adaptará a tus necesidades cambiantes. Un maravilloso efecto secundario es que, a medida que pasan los años, elaboras un registro de tus decisiones y de las experiencias que conllevaron. Como dijo una vez la usuaria Kim Alvarez: «Cada Bullet Journal constituye un nuevo tomo de tu biblioteca vital». Cuando trabajamos para tener una vida con sentido, esta biblioteca se convierte en un potente recurso a nuestra disposición.

Al mismo tiempo que documentamos nuestra vida, estamos creando un archivo completo de nuestras decisiones y acciones para poder consultarlo en el futuro. Podemos estudiar nuestros errores y aprender de ellos. Es igual de educativo apuntar nuestros éxitos, nuestros avances. Cuando algo funciona a nivel profesional o personal, nos ayuda saber cuáles eran nuestras circunstancias en ese momento y qué decisiones tomamos. Estudiar nuestros fracasos o nuestras victorias puede proporcionarnos magníficos conocimientos, consejos y motivación a la hora de planificar nuestros avances.

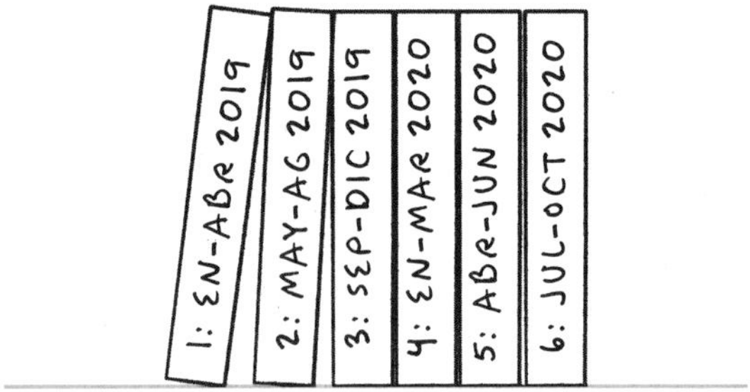

Entonces, ¿el método Bullet Journal y las aplicaciones son mutuamente excluyentes? Por supuesto que no. Hay muchas aplicaciones que nos facilitan la vida de maneras que la libreta, sencillamente, no puede. El valor de todas las herramientas, digitales o analógicas, es proporcional a su capacidad de ayudarte a cumplir con la tarea que tienes entre manos. El objetivo de este libro es que conozcas una nueva caja de herramientas para tu taller, una que ha demostrado ser efectiva y que ha ayudado a un número incontable de personas a afrontar ese proyecto, a menudo complicado, que llamamos *vida*.

ESCRITURA MANUAL

La tinta más descolorida
es mejor que el mejor recuerdo.

PROVERBIO CHINO

Cuando escribimos nuestros pensamientos en un papel les damos vida. Ya sean palabras, imágenes o notas, hay pocas herramientas que faciliten tanto la transición entre los mundos interior y exterior como la punta de un bolígrafo. En un mundo que avanza hacia interfaces sin textura, puede parecer un poco extraño dar un paso atrás para implementar una metodología que implica escribir a la antigua usanza. Pero cada vez hay más investigaciones que indican que la palabra manuscrita sigue siendo algo práctico en esta era digital.

Un estudio de la Universidad de Washington demostró que los alumnos de primaria que escribían sus trabajos a mano tenían más tendencia a expresarse por escrito con oraciones completas y aprendían a leer en menos tiempo. En gran parte, eso se debe a que la escritura manual acelera y profundiza en nuestra habilidad para generar y, por lo tanto, reconocer, caracteres.[17]

El complejo movimiento táctil que implica la escritura manual estimula nuestra mente de manera más efectiva que usar un teclado. Activa múltiples regiones del cerebro de manera simultánea, de manera que fija en un nivel más profundo aquello que aprendemos.

Como resultado, retenemos la información más tiempo de lo que lo haríamos tecleando en una aplicación.[18] En un estudio, los alumnos universitarios que tomaron apuntes a mano sacaron, en promedio, mejores calificaciones que aquellos que los habían tomado en la computadora. También retuvieron mejor la información cuando hubo pasado el examen.[19]

Cuando ponemos el bolígrafo sobre el papel, no solo encendemos la luz, también aumentamos la temperatura. Escribir a mano nos ayuda a pensar y sentir al mismo tiempo.

Estos estudios y otros similares indican que los beneficios de escribir a mano surgen de lo mismo que se le achaca como defecto: su ineficiencia. Es cierto: el hecho de tardar más en escribir a mano es lo que le aporta sus ventajas cognitivas.

Es casi imposible transcribir a mano clases magistrales o conversaciones palabra por palabra. Cuando escribimos a mano, nos forzamos a economizar y a usar el lenguaje de manera estratégica, adaptando las notas con nuestras propias palabras. Para hacerlo, tenemos que escuchar con más atención, pensar en la información y, esencialmente, destilar las palabras y los pensamientos del otro mediante nuestro filtro neuronal para ponerlo en la página. En cambio, tomar notas con un teclado puede convertirse rápidamente en un acto de repetición: una autopista sin baches por la que la información entra libremente por un oído y sale por el otro.

¿Por qué es tan importante tomar notas con nuestras propias palabras? La ciencia sugiere que escribir a mano mejora la manera en que nos relacionamos con la información, reforzando nuestro pensamiento asociativo. Nos permite formar nuevas conexiones que pueden dar lugar a soluciones e ideas no convencionales. Expandimos nuestra consciencia mientras profundizamos en la comprensión.

Cómo sintetizamos nuestras experiencias moldea la forma en que percibimos el mundo e interactuamos con él. Es por este motivo que llevar un diario ha demostrado ser una herramienta potente a la hora de tratar a personas que han padecido un trauma o una enfermedad mental. La escritura expresiva, por ejemplo, nos ayuda a procesar las experiencias dolorosas, a externalizarlas en forma de diario. La terapia cognitivo-conductual (TCC) utiliza la escritura para tratar a personas que se obsesionan con pensamientos intrusivos. El pensamiento que está generando estrés se detalla en un párrafo breve. A continuación, se copia el texto una y otra vez hasta que el pensamiento deja de invadir la mente de la persona, proporcionando la perspectiva y la distancia necesarias, algo que todos necesitamos cuando nos enfrentamos a situaciones que suponen un reto.

En la última etapa de nuestra vida, escribir puede ayudarnos a preservar nuestros recuerdos más queridos. Hay estudios que sugieren que el acto de escribir mantiene nuestra mente más despierta durante más tiempo. A lo largo de los años he recibido muchos correos electrónicos que celebraban el hecho de que el método Bullet Journal había ayudado a gente con poca memoria a organizarse, independientemente de la edad. Por ejemplo, Bridget Bradley, una usuaria del método de cincuenta y un años, recuerda: «Cuál era el clima hace tres meses, cuántas veces fui al gimnasio este mes, que hice una reserva (por correo electrónico) para un restaurante, que me voy de vacaciones en julio y que ya sé qué me tengo que llevar (¡con seis meses de antelación!) para tener tiempo de comprar y prepararlo todo». Del mismo modo, he oído decir a mucha gente que el método

Bullet Journal les ayudó a mejorar su memoria después de un problema o intervención médica.

Un buen amigo me dijo una vez: «El camino más largo es el más corto». En un mundo de corta y pega que celebra la velocidad, a menudo confundimos facilidad con eficiencia. Cuando tomamos atajos, perdemos oportunidades de frenar y pensar. Escribir a mano, por muy nostálgico y anticuado que parezca, nos permite tener esa oportunidad. Cuando dibujamos las letras, empezamos a separar automáticamente el grano de la paja. La verdadera eficiencia no consiste en la velocidad, sino en invertir más tiempo en lo que de verdad importa. En esto consiste el método Bullet Journal.

II

EL SISTEMA

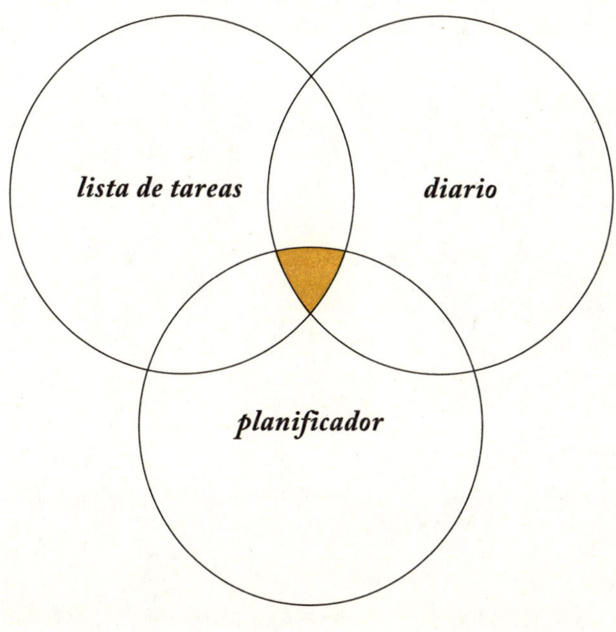

EL SISTEMA

El Bullet Journal puede servir como lista de tareas pendientes, diario, planificador, cuaderno de bocetos o todo lo anterior en un mismo sitio. Su flexibilidad deriva de su estructura modular. Una forma sencilla de conceptualizar el sistema es imaginar piezas de Lego. Cada pieza del sistema Bullet Journal tiene una función concreta, ya sea ordenar el día, planificar el mes o alcanzar un objetivo. Eres libre de mezclar y juntar las piezas para personalizar el sistema y satisfacer tus necesidades. Cuando esas necesidades cambian inevitablemente con el tiempo, esta flexibilidad permite al sistema adaptarse y seguir siendo relevante en las distintas etapas de la vida. A medida que evolucionamos, también lo hacen las funciones y la estructura del Bullet Journal.

En esta parte del libro examinaremos los bloques de construcción centrales, que constituyen los pilares del sistema. Aprenderás cómo funcionan, por qué funcionan y cómo se unen para formar una estructura superior. Si estás leyendo en orden, aquí aprenderás cómo preparar tu propio Bullet Journal y a migrar el contenido de tu inventario mental.

Si ya tienes esto dominado, la parte II te ayudará a llevar tu conocimiento del BuJo un paso más allá. Nos sumergiremos en las herramientas y técnicas que has estado usando y exploraremos los razonamientos que sustentan su diseño. Esta sección es tanto una referencia como una guía para ayudar a responder a cualquier cuestión que haya surgido durante el uso del método.

Si eres nuevo en esto, te sugiero que leas todos los capítulos de esta parte antes de pasar a la práctica. Cada método y técnica es efectivo por separado, pero la auténtica fuerza del método Bullet Journal se encuentra en la suma de las partes. Para obtener el máximo de nuestra experiencia BuJo, es importante entender cómo interactúan y se influyen entre sí las partes. Esta parte te guiará por todos los pasos, para que veas cómo funciona y cómo poner en marcha paso a paso tu Bullet Journal.

Antes de sumergirnos...

La mayoría de los métodos de organización que intentaron hacerme tragar no tenían sentido, no parecían prácticos y me hacían sentir frustrado y desmoralizado. ¡Y yo no quiero que te sientas así!

He hecho todo lo que he podido para que esta parte no parezca el folleto de instrucciones de una lavadora, pero es inevitablemente técnica. A primera vista, puede parecer que hay un montón de engranajes. A medida que leas los capítulos siguientes, te invito a considerar cada componente de manera individual. Ponlo bajo la lupa, examínalo. Pregúntate: ¿Me será de ayuda?

Si en algún momento te sientes superado, da un paso atrás y empieza implementando solamente las piezas que te parezca que tienen sentido. La mayoría de los componentes está diseñada para ser independiente, de manera que puedes usarlos aunque no utilices los demás. Empieza por lo que te llame, aunque solo sea una pieza, y construye a partir de ahí. Así es como nació el método Bullet Journal: pieza a pieza.

CONCEPTOS CLAVE

ÍNDICE

Se usa para localizar el contenido del Bullet Journal mediante los temas y los números de página.

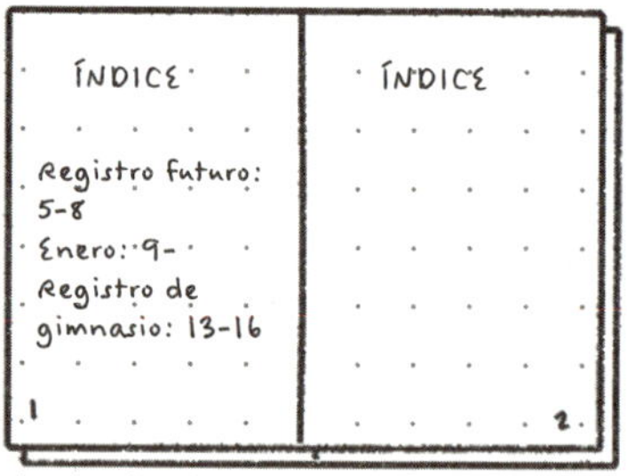

ÍNDICE

Registro futuro: 5-8
Enero: 9-
Registro de gimnasio: 13-16

1

ÍNDICE

2

REGISTRO FUTURO

Se usa para almacenar tareas futuras y actividades que caen fuera del mes en curso.

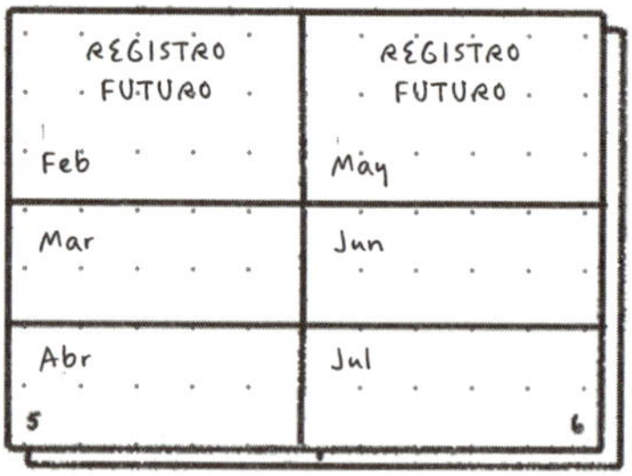

REGISTRO FUTURO	REGISTRO FUTURO
Feb	May
Mar	Jun
Abr	Jul
5	6

REGISTRO MENSUAL

Proporciona una visión de conjunto del tiempo y las tareas del mes en curso. También funciona como tu inventario mental mensual.

ENERO

L1
M2
X3
J4
V5
S6
D7

9

ENERO

- Donar ropa
- Planificar viaje
- Copia de seguridad web
- Dentista
- Guardería

10

REGISTRO DIARIO

Sirve como cajón de sastre para el registro rápido de tus pensamientos durante el día.

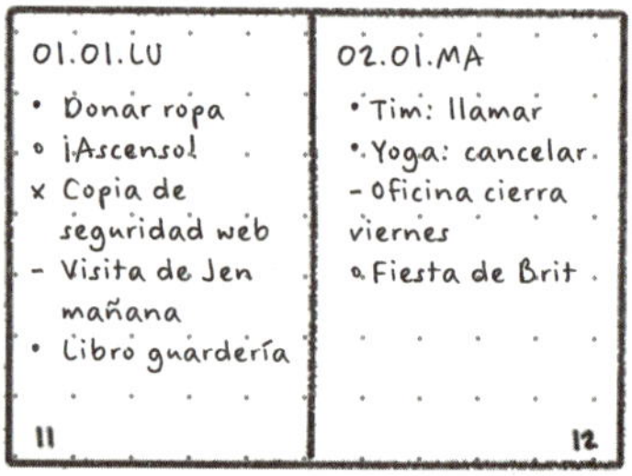

01.01.LU

• Donar ropa
∘ ¡Ascenso!
× Copia de seguridad web
– Visita de Jen mañana
• Libro guardería

11

02.01.MA

• Tim: llamar
• Yoga: cancelar
– Oficina cierra viernes
∘ Fiesta de Brit

12

CONCEPTOS CLAVE

REGISTROS RÁPIDOS

Mediante anotaciones resumidas y símbolos, permiten capturar, categorizar y priorizar rápidamente tus pensamientos en forma de notas, actividades y tareas.

- Nota
O Actividad
• Tarea
X Tarea completada
> Tarea migrada
< Tarea agendada
~~Tarea irrelevante~~

COLECCIONES

Son los bloques de construcción modulares de BuJo. Se usan para almacenar contenido relacionado. Las colecciones clave son el índice, el registro futuro, el registro mensual y el registro diario, pero puedes crear una para hacer un seguimiento de lo que quieras.

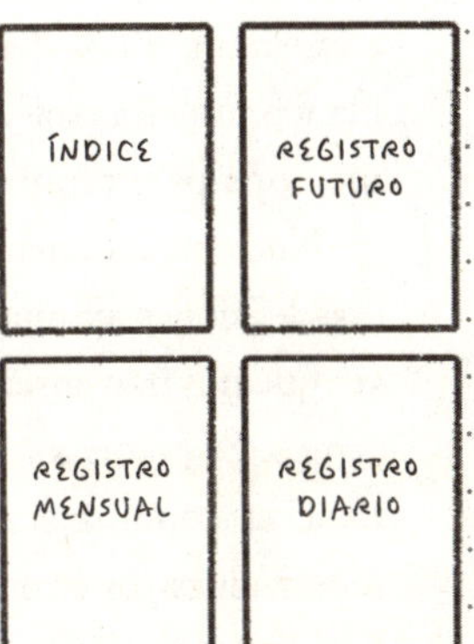

MIGRACIÓN

Es el proceso mensual de filtrar el contenido que no aporta sentido y eliminarlo de nuestra libreta.

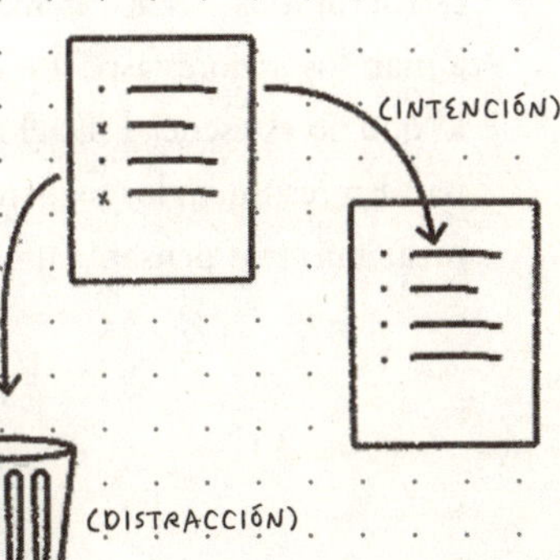

(DISTRACCIÓN)

REGISTROS RÁPIDOS

Deprisa: ¿Cuál fue la última cosa profunda que te dijo alguien? Bueno, está bien, probemos con algo más sencillo: ¿Qué comiste hace dos días? Se acabó el concurso. Si te has quedado en blanco, no estás solo. Esto demuestra que no podemos fiarnos de la memoria para capturar con exactitud nuestra experiencia.

Nuestras experiencias, buenas y malas, son lecciones. Y honramos esas lecciones apuntándolas, de manera que podamos estudiarlas y ver qué nos han enseñado. Así es como aprendemos, así es como crecemos. Si perdemos la oportunidad de aprender de nuestras experiencias, como se suele decir, más o menos, estamos condenados a repetir nuestros errores.

Llevar un diario nos facilita mucho el camino del autoconocimiento. El problema de los diarios tradicionales es que están poco estructurados y son intensivos en el tiempo. Los registros rápidos aúnan los mejores aspectos de llevar un diario despojándolo de todo lo que no es esencial. Es el idioma en que está escrito el Bullet Journal. En resumen, los registros rápidos nos ayudan a capturar y organizar nuestros pensamientos en forma de listas vivas.

Los registros rápidos nos ayudarán a capturar de manera eficiente la vida a medida que sucede, para poder empezar a estudiarla.

En las páginas siguientes verás ejemplos visuales que ilustrarán la diferencia entre contenido capturado a la manera tradicional y la misma información organizada con registros rápidos. Explicaremos los símbolos y la estructura más adelante, pero es fácil ver lo sucintos y claros que son los registros rápidos. Esta forma clara de recopilar pensamientos ahorra mucho tiempo y eso permite que encaje en nuestras ocupadas vidas.

Como lo describe el usuario Ray Cheshire: «Soy profesor de ciencias en un instituto grande de una ciudad del interior de Reino Unido. Las cosas pueden volverse frenéticas al intentar llenar aún más nuestros días. Ahí es donde entran los registros rápidos. Por ejemplo, nos avisaron de que muy pronto tendríamos una inspección, pero gracias al método Bullet Journal yo supe enseguida lo que me quedaba por hacer antes de que llegaran los inspectores».

Ya sea en casa, en el colegio o en el lugar de trabajo, los registros rápidos te ayudarán a organizar la vertiginosa lista de cosas con las que tienes que lidiar a diario.

TRADICIONAL

- [x] Llamar a Keith para quedar para comer este fin de semana.
- [ ] Volver a mandar un correo a Heather sobre el formulario de renuncia de Acme S.A. para los participantes en el proyecto. Hay que mandarles los formularios y tienen que devolverlos firmados antes de seguir.

La presentación sobre experiencia de usuario de Acme S.A. es el día 12 de febrero.

- [ ] ~~Mandar un correo a Leigh sobre su fiesta del 21 de abril.~~

La oficina estará cerrada el día 13.

Me sorprendió positivamente que Margaret se haya tomado bien lo que le dije. Se presentó voluntaria para organizar los recursos del proyecto y se implicó más en el equipo. Su trabajo también está progresando.

- [ ] Llamar para cancelar la clase de prueba de yoga.
- [ ] Encargar un pastel para el cumpleaños de Kim, que es el jueves de la semana que viene. Tiene que ser sin gluten, porque es celíaca.
- [ ] Esta mañana Broadway estaba cerrada, así que tuve que tomar otra ruta. Por el camino vi una cafetería nueva que tengo que probar. Esta ruta es mucho más bonita. Bajé las ventanillas y disfruté del viaje. Me obsesionaba tanto llegar rápido al trabajo que me había olvidado completamente de este otro camino. Cuando llegué al trabajo me sentía muy bien, aunque era un poco tarde.
- [ ] Planificar el trayecto.

---

233 palabras

REGISTROS RÁPIDOS

01.04.JU

- • Keith: Llamar: Cena sábado
- * • Acme S.A.: Formularios
  - • Heather: Correo electrónico para que me mande los formularios
  - > Mandar formularios a los participantes
  - < Que los firmen
- – Acme S.A.: Presentación de experiencia del usuario 12 feb
- ~~• Leigh: Responder fiesta 21 abr~~
- – Oficina cerrada 13 abr
- o Margaret: Voluntaria para ayudar con los recursos
  - – Se muestra más incentivada e implicada
  - – Se esfuerza más por participar

02.04.VI

- x Cancelar yoga
- • Kim: Comprar pastel de cumpleaños
  - – Celíaca: Tiene que ser sin gluten
  - – La fiesta es el jueves
- * • Acme S.A.: Registrar horas
- o Broadway cerrada, fui por el camino largo
  - – Vi una cafetería nueva
  - – El camino es mucho más bonito
  - – Llegué mucho más relajado
- • Planificar trayecto

---

110 palabras

(¡Menos del 50 %!)

TEMAS Y PAGINACIÓN

El primer paso para hacer registros rápidos es contextualizar el contenido que vas a anotar. Esto se hace asignando un tema a la página. Puede ser tan sencillo como «Lista de la compra». Aunque, incluso en este caso, como sucede casi siempre con el método BuJo, la cosa no es tan obvia. Los temas tienen tres funciones:

1. Identifican y describen el contenido.
2. Pueden ser una oportunidad para aclarar tus intenciones.
3. Establecen el orden de los contenidos.

¿Cuántas veces has ido a reuniones que no tenían orden del día? En general, no son demasiado productivas. Tomarse un respiro para definir un orden del día antes de empezar permite concentrarse, priorizar y emplear el tiempo de forma más efectiva.

Asignar un tema a las páginas nos da la oportunidad de tomarnos un respiro. ¿Qué pondremos en este espacio? ¿Cuál será su objetivo? ¿Qué valor añadido aportará a nuestra vida? Pueden parecer consideraciones superfluas, pero no te imaginas la cantidad de veces que me he sentado a hacer una lista nueva y me he dado cuenta de que no iba a aportar nada a mi vida. ¿Tiene algún valor llevar una lista de las series que he visto este año? No. Puedo reinvertir ese tiempo que he ahorrado en algo que tenga valor. Otras veces, esa pausa me ha ayudado a refinar objetivos y lograr que el contenido de mi Bullet Journal fuera relevante y concreto. Tema a tema, pausa a pausa, pulimos nuestra capacidad para concentrarnos en lo que realmente importa.

A menudo, lo único que hace falta para vivir una vida con intención es hacer una pausa antes de actuar.

Por último, un buen tema convierte el Bullet Journal en una herramienta de consulta más útil. Quién sabe cuándo podrías necesitar buscar en tu diario información sobre un tema en concreto. «13 oct. Reunión de comentarios» no dice gran cosa. En cambio, «13.10. MA (día/mes/día de la semana) / Acme S. A. (nombre del cliente) / Relanzamiento de la web (nombre del proyecto) / Comentarios del cliente (tema de la reunión)» proporciona una descripción útil.

Una vez hayas definido el tema, escríbelo en la parte superior de la página. Acabas de poner los cimientos de lo que quieres construir, pero no puedes localizar un edificio sin su dirección. En tu Bullet Journal, las direcciones son el número de página, así que asegúrate de añadirlos a medida que vayas creándolas. Los números de página son vitales a la hora de indexar (página 107). *Spoiler*: los índices te ayudarán a localizar fácilmente el contenido.

Para lo único que no usamos un tema descriptivo es para el registro diario (página 99). Esa página es un cajón de sastre de pensamientos, así que el tema es sencillamente la fecha en formato día/mes/día de la semana. Esto nos ayudará a orientarnos al pasar las páginas.

Todo esto es mucho más difícil de explicar que de hacer. En la práctica, lo único que estamos haciendo es pensar unos segundos antes de poner el bolígrafo sobre el papel. Ahora, con el tema y el número de página en su sitio, nuestra página está preparada para aguantar lo que le echemos.

01.04.JU

- Keith: Llamar: Cena sábado
- Acme S.A.: Formularios
  - Heather: Correo electrónico para que me mande los formularios
  - Mandar los formularios a los participantes
  - Obtener las firmas
- – Acme S.A.: Presentación de experiencia del usuario 12 feb
- ~~Leigh: Responder fiesta 21 abr~~
- – Oficina cerrada 13 abr
- o Margaret: Voluntaria para ayudar con los recursos
  - – Se muestra más incentivada e implicada
  - – Se esfuerza más por participar

02.04.VI

- Cancelar yoga
- Kim: Comprar pastel de cumpleaños
  - – Celíaca: Tiene que ser sin gluten
  - – La fiesta es el jueves
- Acme S.A.: Registrar horas
- o Broadway cerrada, fui por el camino largo
  - – Vi una cafetería nueva
  - – El camino es mucho más bonito
  - – Llegué mucho más relajado
- Planificar trayecto

¡No olvides numerar las páginas!

BULLETS

Si los registros rápidos son el idioma del Bullet Journal, los bullets son la sintaxis. Una vez tienes el tema y el número de página, se trata de capturar tus pensamientos en forma de frases cortas y objetivas que denominaremos *bullets*. Cada bullet lleva asociado un símbolo específico para categorizar la entrada. Utilizamos bullets no solo porque conllevan menos tiempo, sino también porque condensar la información en frases cortas nos obliga a destilar lo que es más valioso.

Crear bullets efectivos requiere alcanzar el equilibrio entre brevedad y claridad. Si una entrada es demasiado corta, quizá no seamos capaces de descifrarla más adelante. Si es demasiado larga, escribirla se convierte en una lata. Por ejemplo: «¡Llamar YA!» es demasiado corta. ¿A quién hay que llamar? ¿Para qué hay que llamar? Es fácil olvidar todo eso a lo largo del día. Del mismo modo: «Llamar a John M. lo antes posible porque necesita saber si tendremos los resultados de las ventas de junio listos para entregárselos» es palabrería excesivamente informativa. Intentémoslo de nuevo: «Llamar a John M: resultados ventas junio». Estamos diciendo exactamente lo mismo usando una cuarta parte de las palabras. Enseguida te enseñaré cómo convertir esta tarea en una prioridad usando viñetas (página 93).

Conseguir entradas cortas sin perder información requiere cierta práctica, pero con el tiempo acabas puliendo la habilidad para identificar qué vale la pena apuntar. Eso es importante porque nuestras vidas son infinitamente complejas y hay un montón de cosas de las que podríamos hacer un seguimiento. Si ya has hecho listas antes, seguro que has sido testigo de cómo se te pueden ir de las manos. A menudo carecen de contexto y prioridad. Los registros rápidos resuelven este problema de distintas maneras, en primer lugar, categorizando las entradas como:

1. Cosas que hay que hacer (tareas)
2. Experiencias (actividades)
3. Información que no queremos olvidar (notas)

Cada categoría tiene un símbolo asociado que mejora la lista básica con capas de información adicionales que son muy necesarias para aportar contexto y funcionalidad. Durante el día, estos símbolos permiten capturar y contextualizar rápidamente tus pensamientos en tiempo real. Más adelante, hacen que localizar contenido concreto sea mucho más fácil ojeando las páginas. Observemos a fondo cada una de las categorías para ver cómo esta sintaxis puede hacer que las entradas estén organizadas y sean concretas y efectivas.

TAREAS

El bullet de tarea tiene mucho peso. Imagínalo como una casilla de verificación. (Las primeras versiones del método Bullet Journal empleaban una casilla de verificación, pero con el tiempo quedó claro que las casillas de verificación no eran tan eficientes como la viñeta en forma de punto: cuesta más dibujarlas y quedan torpes, lo que empeora la legibilidad.) El bullet de tarea «•» es rápido, limpio y flexible. Puede transformarse rápidamente en otras formas, lo que resulta importante, porque las tareas tienen distintos estados:

• Tareas
Entradas que requieren que ejecutes una acción.

× Tareas completadas
Acciones que ya han sido realizadas.

> Tareas migradas
Tareas que se han desplazado hacia delante (de ahí la flecha hacia la derecha) en el registro mensual (página 103) o en una colección concreta (página 97).

< Tareas agendadas
Tareas ligadas a una fecha que queda fuera del mes en curso y que, por tanto, se desplazan hacia atrás (de ahí la flecha hacia

la izquierda) en el registro futuro (página 107) al principio de la libreta.

• ~~Tareas irrelevantes:~~

A veces nos asignamos tareas que acaban siendo irrelevantes. O bien dejan de tener sentido o bien cambian las circunstancias. Si algo ya no importa, se convierte en una distracción. Táchalo de la lista. Una cosa menos por la que preocuparse.

Subtareas y tareas madres

Algunas tareas precisan distintos pasos para completarse. Estas tareas dependientes (o subtareas) pueden listarse sencillamente sangrándolas directamente debajo de sus tareas madres. Las tareas madres solo pueden marcarse como completadas una vez que se hayan completado todas las subtareas o hayan sido marcadas como irrelevantes.

Consejo: Cuando veas que una tarea madre genera muchas subtareas, esto puede indicar que esta tarea madre se está convirtiendo en un proyecto. Si pasa eso, quizá prefieras convertir esta lista que está dentro de otra en una colección (página 97). Por ejemplo, planificar un viaje puede ser complejo, con tareas que vayan desde buscar alojamiento hasta organizar el transporte, y cada una de estas tareas puede tener subtareas (consultar en internet los hoteles X, Y y Z; buscar los precios de vuelos y alquilar un coche). Si detectas que una tarea se está convirtiendo en un proyecto, pero no tienes tiempo en ese momento de hacer una nueva colección, limítate a registrar una tarea para recordar hacerlo luego: «• Crear una colección sobre las vacaciones en Hawái». Este es el ejemplo perfecto de cómo los bullets pueden usarse como anclas mentales.

01.04.JU

× Keith: Llamar: Cena sábado
• Acme S.A.: Formularios
  • Heather: Correo electrónico para que me mande los formularios
  > Mandar formularios a los participantes
  < Que los firmen
– Acme S.A.: Presentación de experiencia de usuario 12 feb
• ~~Leigh: Responder fiesta 21 abr~~
– Oficina cerrada 13 abr
o Margaret: Voluntaria para ayudar con los recursos
  – Se muestra más incentivada e implicada
  – Se esfuerza más por participar

02.04.VI

× Cancelar yoga
• Kim: Comprar pastel de cumpleaños
  – Celíaca: Tiene que ser sin gluten
  – La fiesta es el jueves
• Acme S.A.: Registrar horas
o Broadway cerrada, fui por el camino largo
  – Vi una cafetería nueva
  – El camino es mucho más bonito
  – Llegué mucho más relajado
• Planificar trayecto

Apuntar las tareas tiene un doble propósito. En primer lugar, tener registrada una tarea abierta facilita que nos acordemos de ella incluso cuando no tenemos la libreta delante, en parte, gracias al fenómeno conocido como el efecto Zeigarnik. La psiquiatra y psicóloga rusa Bliuma Vúlfovna Zeigárnik observó que los empleados del restaurante de su pueblo eran capaces de recordar comandas muy complejas mientras estaban en proceso, pero que una vez las servían olvidaban por completo los detalles. La fricción de las tareas pendientes pone la mente alerta. En segundo lugar, apuntar tareas y el estado en que se encuentran crea automáticamente un archivo de acciones. Esto se volverá inmensamente valioso en la fase de reflexión (página 141) o cuando repases la libreta dentro de unos días, meses o años. Siempre sabrás qué querías conseguir.

ACTIVIDADES

Las actividades, que se representan con el bullet «o», son entradas relacionadas con experiencias que pueden ser agendadas previamente (por ejemplo: «Fiesta de cumpleaños de Charlie») o registradas después de que sucedan (por ejemplo: «Me dieron el crédito. ¡Sí!»).

Las entradas de actividad, por muy personales o emotivas que sean, deberían ser tan objetivas y breves como sea posible. La actividad «Noche de cine» no tiene ni más ni menos peso que «Me dejó». No tener que articular la complejidad de una experiencia hace que sea mucho más probable que la anotemos. Eso es lo más importante: tener un archivo.

Después de un suceso doloroso, intentar explicar cómo te sientes en el momento puede ser un auténtico reto, si no directamente imposible. Un suceso alegre puede comportar sentimientos complejos, cualquier cosa, desde gratitud a triunfo, pasando por lágrimas porque alguien querido no está ahí para verlo. En ambos casos esto puede ser abrumador y distraernos. Los bullets de actividad nos permiten fijar una experiencia para descargarla temporalmente de nuestra mente y poder reenfocar nuestras prioridades. Así, tenemos una nota perfectamente guardada en el diario, lista para ser revisitada cuando tengamos más tiempo, perspectiva o recursos para poner en orden la burocracia emocional.

01.04.JU

× Keith: Llamar: Cena sábado

• Acme S.A.: Formularios

• Heather: Correo electrónico para que me mande los formularios

> Mandar formularios a los participantes

< Que los firmen

– Acme S.A.: Presentación de experiencia de usuario 12 feb

~~• Leigh: Responder fiesta 21 abr~~

– Oficina cerrada 13 abr

○ Margaret: Voluntaria para ayudar con los recursos

– Se muestra más incentivada e implicada

– Se esfuerza más por participar

02.04.VI

× Cancelar yoga

• Kim: Comprar pastel de cumpleaños

– Celíaca: Tiene que ser sin gluten

– La fiesta es el jueves

• Acme S.A.: Registrar horas

○ Broadway cerrada, fui por el camino largo

– Vi una cafetería nueva

– El camino es mucho más bonito

– Llegué mucho más relajado

• Planificar trayecto

Por ejemplo, Michael S., un usuario del método Bullet Journal, conoció a una mujer que le gustó mucho. Solo llevaban unos meses de relación, pero todo parecía indicar que se estaba creando un lazo fuerte y que tenían un brillante futuro por delante. Un día, ella lo invitó a cenar. Allí sentados, él se percató de que algo no iba bien, así que le preguntó qué sucedía. Ella le dijo que quería que dejaran de verse. Él, que no se lo esperaba, le preguntó por qué. Ella le dijo que no lo sabía, pero que lo suyo se había acabado.

A Michael le atormentaba y le confundía la pérdida de algo que él había pensado que podría llegar a ser único y especial. Unas semanas después, tomó su Bullet Journal, donde había un archivo completo de su relación, y la repasó página a página. Le sorprendió descubrir que, en ningún momento de aquella relación más bien breve, las cosas habían ido tan bien como él recordaba. Entrada tras entrada se formó la imagen de una persona bastante distante que nunca fue especialmente generosa con él. La realidad de la situación, escrita con sus propias palabras, le proporcionó la perspectiva necesaria para pasar página.

Fue un momento de lucidez importante que permitió a esta persona obtener un conocimiento valioso que no habría podido obtener de otro modo. Este es solo un ejemplo de cómo tener un relato objetivo de nuestra experiencia puede ser una herramienta potente para ayudarnos a avanzar por la vida. Pero el método BuJo no se limita únicamente a resaltar los desastres y las desgracias, también puede hacernos conscientes de las cosas positivas. Puede que acabemos el año con la sensación de que no ha sucedido nada realmente reseñable, a lo mejor no nos fuimos de viaje a Hawái ni nos dieron el ascenso que estábamos esperando, o quizá pensábamos que habríamos avanzado más en nuestra búsqueda de departamento. Todos estamos programados para tener un sesgo negativo. Al pasar las páginas del Bullet Journal, podemos corregir nuestra perspectiva: hubo celebraciones, completamos proyectos, logramos objetivos en nuestra actividad física, pasamos revisiones médicas impecables, nuestros niños y mascotas hicieron cosas graciosísimas, tuvimos conversaciones profundas con amigos, hijos, padres o parejas, etcétera, etcétera.

Nuestros recuerdos no son fiables. A menudo nos engañamos y asociamos pensamientos sesgados o incorrectos a nuestras experiencias. Los estudios sugieren que nuestros recuerdos de cómo nos sentimos en un momento pueden diferir mucho de cómo nos hizo sentir algo de verdad. Podemos recordar actividades maravillosas de forma negativa y actividades negativas de forma positiva. El psicólogo de Harvard Dan Gilbert compara nuestros recuerdos con retratos pintados, en los que nuestra mente interpreta de manera artística el recuerdo, en lugar de con fotografías.[20]

Es importante llevar un archivo preciso de cómo sucedieron de verdad las cosas, porque a menudo tomamos decisiones basadas en experiencias pasadas. Si operamos únicamente de memoria, nos arriesgamos a repetir los mismos errores engañándonos a nosotros mismos pensando que algo tendrá un efecto que no tendrá. Bueno o malo, grande o pequeño, apúntalo. Con el paso de los días, meses y años, conformarán un mapa bastante preciso de tu vida. Entender cómo hemos llegado a donde estamos nos permitirá tomar decisiones más informadas a medida que avanzamos.

Consejo: Recomiendo plasmar las experiencias lo antes posible después de la actividad, para que los detalles estén frescos y sean precisos. La reflexión diaria (página 144) va bien para esto.

Consejo: Las actividades que tienen que ser agendadas en fechas concretas que quedan fuera del mes en curso deben añadirse al registro futuro (página 107), como cumpleaños, reuniones y cenas.

Consejo: Quienes disfrutan escribiendo diarios extensos y expresivos (página 279) pueden anidar bullets de notas (página 281) debajo de un bullet de actividad para anotar detalles importantes o interesantes que quieran capturar sobre una experiencia para utilizarlos más adelante. Una vez más, que sean breves:

o Cita con Sam en El Pastor
- Llegó 15 minutos tarde. No me mandó ningún mensaje. No se disculpó.
- Bromeó sobre que me hubiera arreglado para la cita.
- Pidió mucha comida, pero apenas comió. No se ofreció a pagar.
- El guacamole estaba de muerte.

NOTAS

Las notas, que se representan con un guion «-», incluyen datos, ideas, pensamientos y observaciones. Registran información que queremos recordar pero que no implica necesariamente o inmediatamente una acción. Este tipo de bullet funciona bien para reuniones, conferencias y clases... Todos sabemos lo que es una nota, así que no voy a extenderme. Dicho esto, a muy pocos se nos enseña cómo tomarlas. Ahondemos en los consejos, trucos y beneficios de tomar notas al estilo Bullet Journal.

Al tomar notas cortas, nos obligamos a destilar la información hasta quedarnos con lo esencial. Cuanto más contenido intentemos plasmar en el papel durante una conferencia o reunión, menos estaremos pensando en lo que se está diciendo. Estaremos quemando la mayoría de nuestra atención repitiendo como loros lo que digan los demás.

Ser estratégicos y económicos con las palabras nos obliga a poner la mente a trabajar. Al preguntarnos qué es importante y por qué, pasamos de la escucha pasiva a prestar atención de manera activa a lo que se está diciendo. Y, cuando empezamos a escuchar, la información se convierte en comprensión. Uno de los objetivos más importantes del método Bullet Journal es mejorar en la escucha del mundo que nos rodea y de nuestro mundo interior para poder empezar a entender. Volveremos a hablar de esto en la parte III.

01.04.JU

× Keith: Llamar: Cena sábado
• Acme S.A.: Formularios
    • Heather: Correo electrónico para que me mande los formularios
    > Mandar formularios a los participantes
    < Que los firmen
– Acme S.A.: Presentación de experiencia de usuario 12 feb
~~• Leigh: Responder fiesta 21 abr~~
– Oficina cerrada 13 abr
o Margaret: Voluntaria para ayudar con los recursos
    – Se muestra más incentivada e implicada
    – Se esfuerza más por participar

02.04.VI

× Cancelar yoga
• Kim: Comprar pastel de cumpleaños
    – Celíaca: Tiene que ser sin gluten
    – La fiesta es el jueves
• Acme S.A.: Registrar horas
o Broadway cerrada, fui por el camino largo
    – Vi una cafetería nueva
    – El camino es mucho más bonito
    – Llegué mucho más relajado
• Planificar trayecto

Deja reposar la información

No te vayas corriendo en cuanto acabe la reunión, la clase o la conferencia. La información es contextual. Cuando te expones a información nueva, la historia se despliega pieza a pieza, y no es hasta el final que se puede apreciar cómo encajan todas estas piezas. Una vez finalizada la actividad, tómate un momento y utiliza ese tiempo en tu favor. Siéntate y date unos minutos para procesar lo que acabas de oír. Captura todo aquello que aflore. A menudo, descubrirás cosas nuevas al contextualizar la información como un todo. Toma algo de distancia, analiza tus notas, mira qué más surge y apúntalo. Es una gran oportunidad para rellenar huecos de cosas que no hayas entendido o ser consciente de ello. Tener una lista de preguntas puede ayudarte a ser más productivo y concreto en tu próxima interacción. La curiosidad también es una gran fuente de motivación, que puede ayudarnos a ser proactivos respecto al contenido. Si de verdad quieres saber algo, lo averiguarás.

Hazla tuya

En la medida de lo posible, intenta ceñirte a información que puedas manejar, que te interese de verdad. Aquí tienes un ejemplo de cómo aplicar todos estos consejos:

> **Fuente:** «Los idiomas expresan los números de distintas maneras. En castellano lo hacemos siguiendo el sistema decimal. En euskera la base es el número 20. El francés utiliza el decimal hasta el número 80, que se expresa en base 20. El chino utiliza la base 10 000 para los números grandes».

Nota inútil: Los idiomas tienen sistemas de numeración distintos.

Nota útil: ¡En chino, un millón son 100 veces 10 000! ¡En euskera, 40 es dos veces 20!

Aunque la primera nota es sucinta, si la lees dentro de unas semanas puede que no entiendas nada. En cambio, el segundo bullet une la información a algo que te interesa (en este caso el chino y el euskera, suponiendo que te interesen estos idiomas) y también te ayuda a extrapolar mucha más información. Si el euskera y el chino expresan los números de manera distinta que el castellano, es probable que otros idiomas también lo hagan. Las notas sucintas pero concretas disparan recuerdos adicionales sobre el tema del que tratan. Puede que incluso te apetezca abrir una tarea para buscar más información.

Una forma sencilla de resumir todos estos consejos es pensar en tu yo del futuro. Tus notas serán inútiles si no puedes descifrarlas dentro de una semana, un mes o un año. Hazle un favor a tu yo del futuro y no sacrifiques claridad en favor de brevedad. Esto hará que tu Bullet Journal siga siendo de utilidad en los años venideros.

VIÑETAS Y BULLETS PERSONALIZADOS

Los bullets de tarea, actividad y nota te resultarán útiles en la mayoría de las situaciones. Dicho esto, cada persona tiene sus propias necesidades. No existe una talla única. Este es un principio básico del método Bullet Journal. Por eso te animo a personalizar el sistema una vez te sientas a gusto con los principios básicos. Exploraremos en profundidad cómo hacerlo en la parte IV, pero, por ahora, me gustaría que vieras cómo se puede ajustar el método Bullet Journal para adaptarse a tus necesidades mediante viñetas y bullets personalizados.

Viñetas

Otro de los motivos por los que los registros rápidos son una mejora funcional con respecto a las listas son las viñetas. Las viñetas son los símbolos que se utilizan para destacar determinadas entradas y proporcionar contexto adicional. Las viñetas se sitúan a la izquierda de los bullets, así destacan en el resto de la lista y facilitan su detección a simple vista (página 95). A continuación, vamos a ver ejemplos de viñetas que creo que son útiles:

01.04.JU

• Keith: Llamar: Cena sábado

* • Acme S.A.: Formularios

    • Heather: Correo electrónico para que me mande los formularios

    > Mandar formularios a los participantes

    < Que los firmen

– Acme S.A.: Presentación de experiencia de usuario 12 feb

~~• Leigh: Responder fiesta 21 abr~~

– Oficina cerrada 13 abr

○ Margaret: Voluntaria para ayudar con los recursos

    – Se muestra más incentivada e implicada

    – Se esfuerza más por participar

02.04.VI

× Cancelar yoga

• Kim: Comprar pastel de cumpleaños

    – Celíaca: Tiene que ser sin gluten

    – La fiesta es el jueves

* • Acme S.A.: Registrar horas

○ Broadway cerrada, fui por el camino largo

    – Vi una cafetería nueva

    – El camino es mucho más bonito

    – Llegué mucho más relajado

! • Planificar trayecto

Prioridad: Representada por un asterisco «*». Se utiliza para marcar un bullet como importante y suele asociarse con las tareas. Úsala poco. Si todo es prioritario es que nada lo es.

Inspiración: Representada por un signo de exclamación «!». Suele ir asociada a notas. Nunca volverás a perder una gran idea, un mantra personal ni una genialidad.

Bullets personalizados

Los bullets personalizados ayudan a capturar entradas que son exclusivas de tu situación. Por ejemplo, las personas que delegan muchas tareas pueden añadir otro estado al bullet de tarea, como una barra inclinada, para indicar que esta fue asignada a otra persona.

/Presentación. @KevinB hace los números

Cuando Kevin haya hecho los números puedes convertir la barra «/» en una «X» para indicar que la tarea fue completada.

Los bullets personalizados son adecuados para tareas o actividades recurrentes como «Entrenamiento de futbol». Los entrenamientos podrían indicarse así «┌┐» (porque la forma recuerda a una portería). Puedes añadir de forma fácil este bullet a la página de calendario de tu registro mensual (página 103), para poder localizar los días de partido de un vistazo. No dudes en usar letras en lugar de iconos si te ayudan a recordar mejor.

Consejo: Procura tener la menor cantidad posible de viñetas y bullets personalizados. Los registros rápidos procuran eliminar al máximo los problemas a la hora de capturar la información. Cuantos más bullets inventes, más complejo será el sistema y, por tanto, más lento.

Resumen de registros rápidos

Estos son todos los pasos para realizar registros rápidos, una forma rápida y efectiva de capturar y ordenar tus pensamientos en tareas, actividades y notas. Debes agrupar esos pensamientos en temas, que te ayudarán a fijar la intención y asignar un número de página para localizarla fácilmente más adelante.

Los registros rápidos están diseñados para ayudar a enfrentarse a la rutina diaria. Te permitirá descargar toda la información con la que te bombardean y emerger del caótico día con una lista clara, categorizada y priorizada de tus pensamientos.

COLECCIONES

#bulletjournalcollection

Da igual lo organizado que intentes ser, la vida es desordenada y, a menudo, tremendamente impredecible. El método Bullet Journal acepta el caos, no intenta luchar contra él. Cambia la estructura lineal de los planificadores tradicionales por una estructura modular.

Como las piezas de Lego, el método BuJo está formado por bloques modulares. Cada módulo es una plantilla diseñada para organizar y recopilar información relacionada, por eso los llamamos *colecciones*. Las colecciones son intercambiables, reutilizables y personalizables. Puede que el mes pasado crearas una lista de la compra, organizaras un viaje y preparases una presentación. Sin embargo, este mes puede que necesites hacer un seguimiento de tu fertilidad, montar una fiesta o planificar tus comidas. Sea cual sea la información que tengas que organizar, existe una colección para ello. Si no la encuentras, te animo a inventarla (hay más información sobre esto en la parte IV).

El muestrario de colecciones, también conocido como *pila*, que elijas depende únicamente de ti y cambiará con el tiempo. Esto hace que el método Bullet Journal sea increíblemente flexible y permite que se adapte continuamente a una gran variedad de usos. También es el motivo por el cual los Bullet Journals que se ven en internet no se parecen entre sí. Cada Bullet Journal refleja las necesidades únicas de su usuario en ese momento en concreto.

En los siguientes capítulos, aprenderemos cuáles son las cuatro colecciones clave: el registro diario, el registro mensual, el registro futuro y la colección que las une todas, el índice. Esta será la estructura base de la libreta. En los siguientes capítulos, trataremos en profundidad cada una de las colecciones y cómo se relacionan entre sí y exploraremos cómo nos pueden ayudar a ordenar el caos pieza a pieza.

EL REGISTRO DIARIO

#bulletjournaldailylog

El registro diario es la bestia de carga del Bullet Journal. Esta sencilla plantilla está diseñada para capturar el aluvión diario de cosas en tiempo real. Cuando lo domines, podrás usar el registro diario para organizar tus pensamientos con muy poco esfuerzo, lo que te permitirá concentrarte en la tarea que tengas entre manos.

Para configurar el registro diario lo único que tienes que hacer es escribir en la página de tu libreta la fecha y el número de página. ¡Eso es todo! Con el contenedor a punto, ya estás listo para empezar a hacer registros rápidos (página 70) de tareas, actividades y notas a medida que se presenten. La idea es aligerar el peso de tu mente de manera efectiva. Podrás relajarte sabiendo que todo está perfectamente apuntado en la libreta.

El registro diario es más que una simple lista de cosas pendientes. Sí, sirve para apuntar las responsabilidades, pero también para documentar tus experiencias. Es un lugar seguro en el que tu mente tiene libertad para expresarse, sin juicios de valor y siempre dispuesto a dar la bienvenida a nuevos pensamientos a medida que surjan. Con el tiempo, esos pensamientos se convierten en un archivo de tu estado de ánimo, lo que tiene un valor incalculable cuando llega el momento de la reflexión (página 141). Proporciona el contexto que, a menudo, nos falta en la vida diaria. Gracias al contexto, podemos ser más deliberados con nuestras acciones.

REGISTRO DIARIO

01.04.JU

• Keith: Llamar: Cena sábado
* • Acme S.A.: Formularios
    • Heather: Correo electrónico para que me mande los formularios.
    > Mandar formularios a los participantes
    < Que los firmen
– Acme S.A.: Presentación de experiencia de usuario 12 feb
~~• Leigh: Responder fiesta 21 abr.~~
– Oficina cerrada 13 abr.
o Margaret: Voluntaria para ayudar con los recursos
    – Se muestra más incentivada e implicada
    – Se esfuerza más por participar

02.04.VI

x Cancelar yoga
• Kim: Comprar pastel de cumpleaños
    – Celíaca: Tiene que ser sin gluten
    – La fiesta es el jueves
* • Acme S.A.: Registrar horas
o Broadway cerrada, fui por el camino largo.
    – Vi una cafetería nueva
    – El camino es mucho más bonito
    – Llegué mucho más relajado
• Planificar trayecto

Probé suerte con prácticamente todos los sistemas de organización que existen. No me quedé con ninguno porque todos implicaban invertir una gran cantidad de dinero o de tiempo para perfeccionar la técnica.

Empecé el BuJo con una libreta de bajo costo y un portaminas. Opino que el BuJo se preocupa menos de la estructura y más de la intención. Añado actividades y tareas a mi registro diario a medida que avanza el día. Así mi principal preocupación es fluir, con el Bullet Journal como diario y registro.

Kevin D.

Sobre el espacio

Una pregunta que me hacen a menudo es cuánto espacio requiere el registro diario. Mi respuesta es: tanto como precise ese día en concreto, y eso es algo que no puedes saber por adelantado. Algunos registros diarios pueden ocupar muchas páginas, mientras que otros no ocuparán ni media. Es prácticamente imposible saber cómo irá el día. Aunque puede ser de ayuda fijarse una intención para el día, como «Hoy no voy a quejarme», es importante recordar no tener expectativas, porque no podemos controlar qué ocurrirá.

Si nuestras vidas son océanos, los días son las olas; algunas son grandes y otras pequeñas. Tu Bullet Journal es la costa, a la cual dan forma tanto unas como las otras.

Si no llenas la página, pon la siguiente fecha allí donde acabaste y ya está. Nunca deberías tener la sensación de que te quedaste sin espacio. Por eso yo no recomiendo crear registros diarios con antelación. Hazlo el mismo día o el día anterior por la noche.

Una vez conviertas el BuJo en un hábito, tu registro diario dejará de parecerse a esas listas de cosas pendientes que tanto estrés provocan y a las que estás acostumbrado y empezará a ser un archivo y un recordatorio para que vivas según tus intenciones, día a día.

EL REGISTRO MENSUAL

#bulletjournalmonthlylog

Esta colección nos ayuda a tomar distancia y respirar antes de sumergirnos en el siguiente mes. Ofrece una perspectiva a vista de pájaro de las cosas que hay que hacer y del tiempo disponible. Si cada Bullet Journal es un tomo de la historia de tu vida, el registro mensual marca el inicio de cada nuevo capítulo. Son pequeños pero importantes hitos que puntúan el año. Crearlos nos permite estudiarnos regularmente para mantener o recuperar contexto, motivación y concentración.

El registro mensual se sitúa en dos páginas enfrentadas. La página izquierda será la página de calendario; la derecha será la página de tareas. El tema de esta colección es el nombre del mes, que añadimos a las dos páginas enfrentadas (páginas 104-105).

Página de calendario

En la página de calendario, lista los días del mes en una columna vertical en el margen izquierdo de la página, seguidos por la primera letra del día de la semana correspondiente (página 104). Recuerda dejar algo de sitio en el margen izquierdo para poder añadir viñetas más adelante si fuera necesario. Las viñetas te permitirán echar una ojeada rápida a la página de calendario y ver cualquier cosa que sea importante.

(PÁGINA DE CALENDARIO)

FEBRERO

1 L Boletín enviado. 78 kg, ¡2 menos!
2 M
3 X Cena con Michael en Faro
4 J
5 V Cena despedida Becca en Walters
6 S Seminario de Tara Brach en Omega
7 D
8 L
9 M Declaración de impuestos presentada
10 X
11 J Contrato de Acme S.A. firmado
12 V
13 S
* 14 D Presentación en Game Chem Co. ¡Salió bien!
15 L
16 M Cena cumpleaños Jenna en Ichiran
17 X
* 18 J Calefacción descompuesta. Perdí el proyecto Redrum :(
19 V
20 S
21 D
22 L Calefacción reparada
* 23 M ¡Lanzamiento de la web de Sokura!
24 X
25 J
26 V
27 S
28 D

(PÁGINA DE TAREAS)

FEBRERO

- Steph: Entrega hielo seco
- Cancelar clase de prueba de yoga
- ¡Comprar un pastel para Kim!
- Registrar horas
- Enviar gastos
- Enviar a Linda las fotos de las vacaciones
- Pagar alquiler
- Llamar abuela
- Llevar ropa a la lavandería
- Pedir cita al médico
- Comprar vestido boda de Vivian
- Hacer lista de canciones para boda de Vivian

Puedes usar esta página como un calendario tradicional en el cual agendar actividades y tareas futuras. Dicho esto, nada es cien por ciento seguro, de manera que yo prefiero registrar las actividades después de que sucedan. Así, la página de calendario del registro mensual es como una línea temporal.

Esta línea temporal es algo que tu yo del futuro agradecerá a menudo, ya que puede aportar mucha claridad y contexto, porque nos muestra en qué estábamos centrados en un mes determinado destacando exactamente cuándo sucedió.

Consejo: Procura que tus entradas sean lo más cortas posible, ya que el registro mensual está pensado solo como herramienta de consulta.

Consejo: Para añadir claridad, puedes trazar líneas para separar las semanas.

Página de tareas (o inventario mental)

La página de tareas de tu registro mensual sirve como página de inventario mental en curso. Permítete tomarte todo el tiempo que necesites para descargar elementos que te hayan estado rondando por la cabeza. ¿Qué es lo importante este mes? ¿Cuáles son las prioridades?

Cuando hayas acabado de capturar tus pensamientos, repasa el mes anterior y comprueba qué tareas se quedaron abiertas. Transfiere los elementos importantes a la página de tareas del nuevo registro mensual. Profundizaremos en este proceso en el capítulo sobre migración (página 119), pero por ahora basta decir que así es como evitamos que las tareas se cuelen por las grietas del Bullet Journal. Reescribimos las cosas hasta que las hacemos o se convierten en irrelevantes.

EL REGISTRO FUTURO

#bulletjournalfuturelog

El Bullet Journal se despliega de manera orgánica según las necesidades del aquí y el ahora, así que seguramente te estarás preguntando cómo puedes planificar de cara al futuro. Para eso usamos una colección llamada *el registro futuro*. El registro futuro contiene todas las entradas que tienen fecha concreta fuera del mes actual. Por ejemplo, estamos en septiembre y tú tienes un proyecto con una fecha de entrega el, digamos, 15 de diciembre; ¡plop!, al registro futuro que va.

El registro futuro se encuentra al principio del Bullet Journal, justo después del índice (página 111). Normalmente ocupa uno o dos pares de páginas enfrentadas y puede tener muchos diseños diferentes. Incluyo un ejemplo de tres meses (página 109), austero pero efectivo.

¿Cómo funciona esto en la práctica? Durante el día, sigue escribiéndolo todo en tu registro diario (página 99), incluso las tareas futuras. Una vez más, el registro diario está para evitar que perdamos el tiempo pensando dónde tenemos que escribir las cosas. Es un cajón de sastre diseñado para conservar nuestros pensamientos hasta que tengamos tiempo de ordenarlos. Cuando llega ese momento, por ejemplo, durante la reflexión diaria (página 144) moverás los bullets con fecha en el futuro del registro diario al registro futuro. Una vez lo hayas hecho, asegúrate de marcar la entrada como agendada «<»

en tu registro diario. Así sabrás que te has encargado de eso, de manera que podrás descargarlo temporalmente de tu mente.

Piensa en el registro futuro como en una cola en la que cada elemento está esperando deseoso de que llegue su mes. Cuando organices tu registro mensual (página 103), asegúrate de revisar tu registro futuro para encontrar los elementos que estaban esperando esta fecha en la cola. Si los hay, trasládalos (página 119) del registro futuro a la página de tareas del registro mensual. Asegúrate de marcarlos como migrados en el registro futuro.

CICLO DEL REGISTRO FUTURO

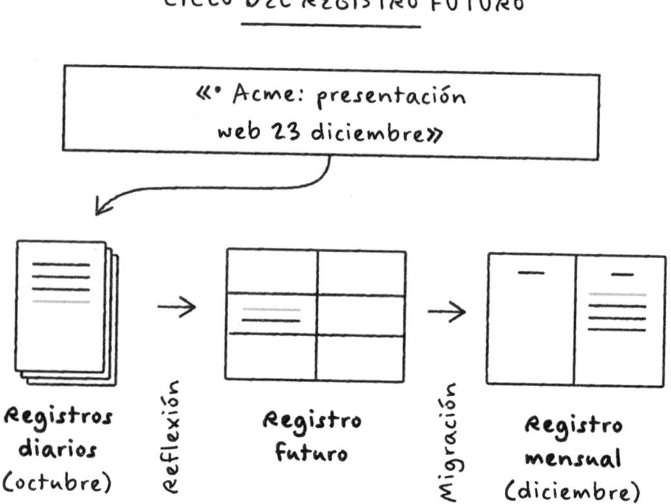

REGISTRO FUTURO

OCT

- ∘ 6-7 Congreso de diseño: Nueva York
- • 16 Maya: Cena

NOV

- • 3 James Co.: Entrega papeleo
- • 14 Venton Vision: Entrega boceto
- ∘ 9-11 Viaje a San Diego

DIC

- ∘ 11 Cumpleaños Jonathan
- * • 15 Yay tea: Presentación de la web

Una vez se hace hábito, se convierte en una forma efectiva de ser consciente de las responsabilidades que estamos adquiriendo en la vida. El registro futuro funciona como una máquina del tiempo que nos muestra un esbozo del futuro que estamos construyendo para que podamos corregir el rumbo si es necesario.

EL ÍNDICE

#bulletjournalindex

Siempre he llevado un diario de trabajo donde apuntaba conversaciones telefónicas, notas de reuniones y otros detalles de mi trabajo de manera cronológica. También tenía millones de listas de cosas pendientes y post-its, un calendario de papel en mi mesa y, con el tiempo, un calendario electrónico en mi teléfono.

Cuando necesitaba encontrar las notas en mi diario de trabajo, primero tenía que inspeccionar los calendarios en busca de la fecha de la reunión o de la llamada telefónica (o adivinar cuándo había pasado). Entonces tenía que pasar páginas en los diarios para encontrar la fecha que estaba buscando.

El sistema Bullet Journal fue una maravillosa mejora de mi sistema cronológico. Ahora solo tengo que ir al índice, donde escribí el número de página de lo que estoy buscando, y dirigirme a esa página.

Cheryl S. Bridges

Tu libreta Bullet Journal acoge todo aquello que hayas querido compartir con ella. En un momento dado, estás planificando la semana y, al siguiente, estás haciendo un boceto de una habitación o empezando un poema. Aunque perderte en tu libreta puede ser una experiencia maravillosa y liberadora, perder cosas en tu libreta no lo es en absoluto. Llegados a este punto del libro, puede que te preguntes cómo tener en cuenta todas estas colecciones diferentes. En el Bullet Journal resolvemos este desafío con un índice.

El índice proporciona una forma fácil de encontrar los pensamientos días, meses o años después de confiárselos a la libreta.

Mitad tabla de contenidos, mitad índice tradicional, el índice habita las primeras páginas de la libreta. Piensa en el índice como en el contenedor de todas tus otras colecciones (excepto el registro diario, por motivos que explicaré más adelante).

Te recomiendo que ocupes dos páginas dobles (cuatro páginas enfrentadas de dos en dos) para el índice (si tienes la libreta oficial Bullet Journal, el índice ya está contemplado). Para añadir una colección al índice, sencillamente escribe el tema de la colección y los números de página (página 113).

Como ves en el ejemplo, las colecciones no tienen por qué ser consecutivas. La vida es impredecible y a menudo nos obliga a cambiar de marcha y concentrarnos en nuevas prioridades. El índice nos facilita saltar de unas prioridades a otras a voluntad. Si quieres seguir con una colección previa, pero te quedaste sin páginas en su posición original, simplemente ve a la siguiente página doble en blanco y sigue con el mismo tema. Después, lo único que tienes que hacer es añadir el número de página de la nueva pieza al índice, como en el ejemplo siguiente.

ÍNDICE

No hace falta que sean consecutivas

Subcolecciones

Cuando trabajas en un proyecto con muchas piezas móviles, cada una de esas partes merece su propia subcolección aparte. Como ves en el ejemplo de la página 113, el «Proyecto de comportamiento de usuario» tiene cuatro subcolecciones, cada una de ellas dedicada a una parte diferente del proyecto.

Índices temáticos

Algunos Bullet Journals se centran en temas muy concretos. Si eres estudiante, podría ser en tus estudios actuales. Si eres coordinador de proyectos, podría ser en hacer un seguimiento de todas las partes de tu proyecto o proyectos. En estos casos, puedes usar un enfoque alternativo conocido como *índice temático*. Funciona casi igual que el índice estándar, excepto por el hecho de que cada página del índice se dedica a un único tema.

De manera que, si tienes las materias de ciencia, inglés, matemáticas e historia, harás una página de índice para cada una de ellas. Por ejemplo, si estás cursando una materia de historia de los Estados Unidos, una página de tu índice será para el tema «Historia de los Estados Unidos». Cada sección del curso definirá una colección madre y cada tema de esa sección será una subcolección.

HISTORIA DE LOS ESTADOS UNIDOS (PÁGINA DE ÍNDICE)

Guerra de la Independencia: (Colección madre)
- Batalla de Lexington: 10-14
- Batalla del Fuerte Ticonderoga: 15-20
- Batalla de Bunker Hill: 21-32

(Subcolecciones)

NUEVA PÁGINA WEB DE ACME S. A.

Los índices temáticos no son exclusivamente para clases. Aquí tenemos un ejemplo de cómo podría usarse para lanzar la nueva página web de una empresa.

Hilos

Aunque el índice es una manera eficaz de ayudarte a navegar por tu libreta, habrá quien piense que te pasas la mayor parte del tiempo pasando páginas de un lado a otro. Existe una solución para esto: los hilos.

Esta técnica me la dio el programador informático y miembro de la comunidad Bullet Journal Carey Barnett. Rápidamente, se convirtió en una práctica habitual para mí (¡me encanta cuando pasan estas cosas!). Los hilos se utilizan en programación para señalar desde un fragmento de código a otro fragmento de código relacionado. En el método Bullet Journal, usamos la misma idea para señalar piezas previas o posteriores de contenido relacionado en nuestra libreta.

Digamos que tienes una colección (pieza 1) que empieza en las páginas 10–15. Pasa el tiempo y te concentras en otras cosas. Utilizas páginas de la libreta. Cuando quieres seguir con tu colección previa, creas otra pieza (pieza 2) en las páginas 51–52. Después vuelves a cambiar de tema una temporada y entonces sigues con la colección en las páginas 160–170 (pieza 3).

Para hacer un hilo con estas piezas, solo tienes que añadir el número de página de una pieza al lado de los números de página de las otras piezas. De manera que, si estás en el principio de la pieza 2, escribirás «10» al lado de la página 51 (lo que te llevaría a la pieza 1, que está en las páginas 10–15). Al final de la pieza 2, al lado de la página 52, escribirás «160», lo que te llevará a la pieza 3, en las páginas 160–170. Ahora puedes ir de una pieza a otra rápidamente sin usar el índice.

HILOS

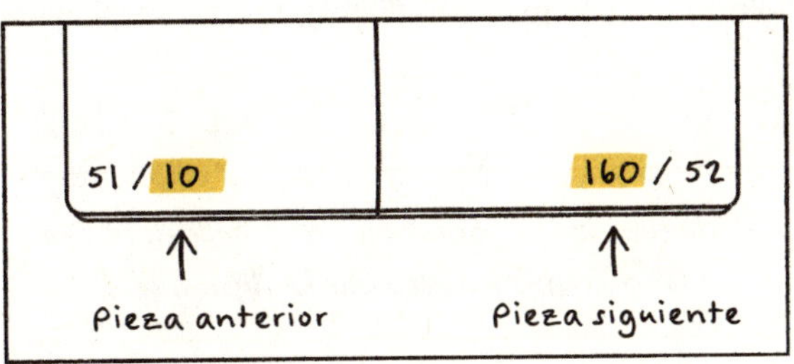

Esta técnica fue expandida por la usuaria de la comunidad Kim Alvarez para crear hilos entre libretas. Si quieres seguir una colección, por ejemplo, «Libros que leer», en una nueva libreta, pero no quieres volver a copiarlo todo, puedes hacer un hilo. Si la primera pieza de la colección «Libros que leer» está en la página 34 de tu segundo Bullet Journal, escribirías «2.34» al lado del número de página de la colección «Libros que leer» de tu libreta nueva. Aquí, el «2» indica el número del tomo de tu Bullet Journal y el «34» representa el número de página de la colección en ese tomo.

Esta notación también facilita añadir hilos entre libretas en el índice. Si quieres añadir contenido de libretas anteriores a tu nueva libreta, lo único que tienes que hacer es plasmarlo así en el índice: Libros que leer: (2.34), 13.

Con el tiempo, tu índice será también una «tabla de contexto». Te proporcionará una imagen a vista de pájaro de cómo estás invirtiendo tu tiempo y tu energía. Es un mapa de todas las cosas a las que estás diciendo «sí». Recuerda, cada vez que le dices sí a algo, le estás diciendo no a otra cosa. «Sí» significa trabajar, significa sacrificio, significa invertir un tiempo en una cosa que ya no podrás invertir en otra.

Utiliza el índice para ayudarte a concentrarte en las cosas que merecen que les digas que sí.

MIGRACIÓN

No hay nada más inútil que hacer de manera muy eficiente algo que no había que hacer.

PETER DRUCKER

Existen un montón de sistemas de productividad que nos ayudan a crear listas, pero pocos nos animan a revisarlas. Al acumular tareas, nuestras listas pronto se convierten en algo inmanejable y nos dejan agobiados o desmotivados. Es fácil olvidar que no debemos hacer algo solo porque podríamos hacerlo.

La productividad consiste en hacer más trabajando en menos cosas.

Tenemos que estar alerta y revisar a menudo nuestros compromisos para poder concentrar nuestro tiempo y energía en cosas que de verdad importan. En BuJo, la migración nos ayuda a adquirir ese hábito.

Durante la migración, transferimos contenido de un lugar de nuestro Bullet Journal a otro volviéndolo a escribir. Puede parecer que es mucho esfuerzo, pero sirve a un propósito muy importante:

acabar con las distracciones. Como volver a escribir las cosas a mano lleva un poco más de tiempo, existe un incentivo intrínseco en el hecho de tomarse un momento y considerar cada una de las candidatas. Si una entrada no merece el esfuerzo de gastar unos segundos en volverla a escribir, no debe de ser tan importante. Deshazte de ella. ¿De verdad tienes que ir a esa actividad, hacer ese encargo, dar esa fiesta, acabar ese informe? A veces sí, pero también hay veces que no.

A lo largo del día se nos cuelan muchos polizones. Es más sencillo aceptar tareas que evaluarlas cuidadosamente en el momento. Así es como las responsabilidades vacías se acumulan rápidamente, drenando nuestros recursos mentales mientras se lo permitamos. Al reescribir las tareas, tenemos la oportunidad de revisar nuestras responsabilidades y lanzar por la borda aquellas que sean inútiles. En resumen, la migración nos evita ir con el piloto automático y perder una enorme cantidad de tiempo trabajando en cosas que no añaden valor a nuestra vida.

Migración mensual

La migración más importante tiene lugar al final de cada mes, cuando estás listo para empezar un nuevo registro mensual (página 103). Durante los dos últimos días de abril, por ejemplo, es cuando empiezas tu registro mensual de mayo. Una vez hecho eso, revisa cuidadosamente todas las páginas del mes anterior y comprueba el estado de tus tareas. Lo más probable es que no las hayas completado todas. Es de lo más normal. Convierte cualquier culpa en curiosidad preguntándote por qué están incompletas las tareas que lo están. ¿Importan? ¿Son vitales? ¿Qué pasaría si no las hicieras?

Si descubres que alguna tarea incompleta se ha convertido en irrelevante, táchala. Tómate un momento para disfrutar de la sensación de recuperar una porción de tu tiempo. Felicítate, ¡es una victoria! Todas las victorias, da igual lo pequeñas que sean, merecen como mínimo un instante de felicitación.

Si una tarea sigue siendo relevante, si sigue añadiendo valor a tu vida, mígrala. Puedes migrar un elemento de tres maneras distintas:

1. Transcribe una tarea abierta a la página de tareas de tu nuevo registro mensual (página 103). Marca la entrada antigua como migrada «>».
2. Transcribe la tarea a una colección personalizada (página 247). Marca la entrada antigua como migrada «>».
3. Si la tarea tiene una fecha concreta que cae fuera del mes en curso, mígrala al registro futuro (página 107). A continuación, márcala como agendada «<».

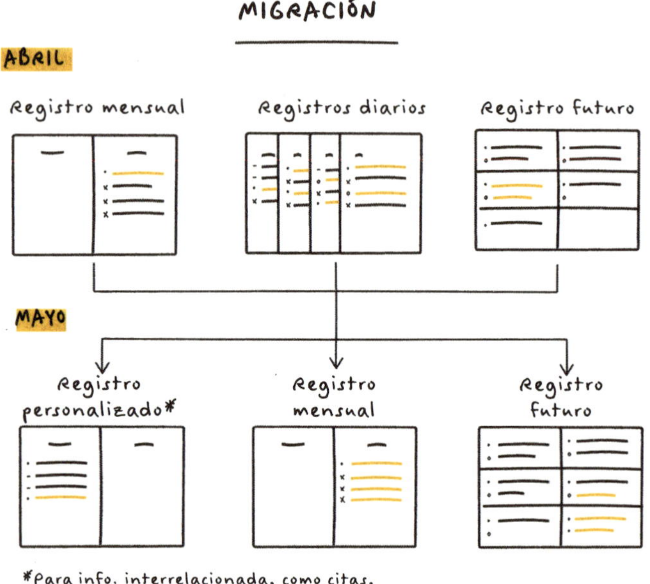

Consejo: Cuando empieces tu nuevo registro mensual, asegúrate de comprobar tu registro futuro. ¿Hay alguna tarea o actividad en cola para el mes que empieza? Si es así, migra esas entradas desde el registro futuro a la página de tareas o de calendario del nuevo registro mensual.

Consejo: Si acabas de empezar con el método Bullet Journal, tu primera migración mensual puede ser un gran momento eureka. Ahí será cuando todo empiece a encajar. Por eso animo a los nuevos usuarios del método Bullet Journal a que lo prueben durante al menos dos o tres meses seguidos.

Migración anual o de libreta

Al principio de cada año, da igual en qué punto estés de tu libreta BuJo, empieza una nueva. Puede parecer un derroche, pero inaugurar un diario en el momento adecuado puede ser muy empoderador y motivador. El año nuevo es un momento tan bueno como otro cualquiera para estrenar libreta, porque es un hito cultural ineludible, tanto literal como metafóricamente. Separa lo viejo de lo nuevo, lo que ha sido de lo que podría ser. ¿Por qué no dar la bienvenida a esta oportunidad de empezar de nuevo? Nos proporciona una excusa para deshacernos del peso inútil que nos esté sobrecargando y aligerar la maleta de cara a nuevas aventuras.

Cuando llegues al final de una libreta o de un año, analiza tu índice. Observa todas las colecciones que has acumulado. Ahí encontrarás un informe bastante preciso de en qué has estado invirtiendo tu tiempo y tu energía. Ha llegado el momento de tomar una decisión complicada. ¿Van estas colecciones (y sus tareas pendientes) a acompañarte al siguiente Bullet Journal?

Somos consecuentes con las lecciones que hemos aprendido aplicándolas a la fase siguiente de nuestra vida. Sean cosas grandes o pequeñas, migra solamente el contenido y las técnicas que hayan demostrado tener valor, nada más. Empezar una libreta nueva no consiste en empezar de cero, sino en subir de nivel.

Migrar entre libretas es un ajuste de cuentas amistoso en el que nos enfrentamos a nuestras responsabilidades para ver qué nos han dado y qué nos han quitado. Mira fríamente tu diario y en él verás desplegarse tu historia, escrita de tu puño y letra. Cada Bullet Journal se convierte en un tomo de la historia de tu vida. ¿Es esa la vida que quieres vivir? Si no, utiliza las lecciones que has aprendido para cambiar la historia en el siguiente tomo.

Consejo: Registro semanal (#bulletjournalweeklylog). Algunos usuarios del método Bullet Journal prefieren migrar sus bullets semanalmente en lugar de mensualmente. Yo solo utilizo registros semanales cuando tengo muchas cosas que gestionar. No es que me encante reescribir cosas, así que solo lo hago cuando me ayuda a estar concentrado al máximo. Otras personas consideran útil la migración semanal cuando no tienen mucho que hacer y les bastan una o dos páginas para apuntar toda una semana de tareas. Una vez más, esto depende de tus necesidades. A mí me gusta que mi registro semanal sea sencillo, así que utilizo la plantilla de registro diario y cambio el tema por el intervalo de fechas de la semana, por ejemplo, «Junio 14-21».

Migrar el inventario mental

Para ver un poco cómo funciona la migración, usaremos el inventario mental que hemos hecho antes para llenar la libreta. Antes de lanzarnos, revisa tu inventario mental. Asegúrate de que todo lo que has listado merece que inviertas tiempo y energía en reescribirlo; elimina lo que no tenga valor.

Ahora decide en qué cosas vas a tener que trabajar durante el próximo mes. Esos elementos son los que irán en la página de tareas del registro mensual. Las tareas y actividades futuras tienen que ir en el registro futuro. Los elementos relacionados, como libros que quieres leer, irán organizados en sus respectivas colecciones personalizadas.

No te preocupes por hacerlo todo bien ni perfecto. Todos los maestros antes fueron aprendices. Este es solo el primer paso de un proceso que seguirá evolucionando mientras uses el método Bullet Journal. Ten paciencia contigo mismo y, recuerda, haz lo que te funcione a ti.

LA CARTA

Y ahora te estarás preguntando: ¿por qué tendría yo que ponerme a hacer todo esto? Es una buena pregunta. Así que, antes de meternos en el gran porqué que hay detrás de hacer un Bullet Journal, quiero compartir una carta de un miembro de la comunidad, que pidió permanecer en el anonimato, que ejemplifica perfectamente el gran impacto que puede tener el sistema cuando se integra en tu vida. Organizarse no solo consiste en tachar cosas de una lista, también se trata de ser consciente de lo que de verdad importa.

> Es la peor pesadilla de cualquier padre: quedarse ahí de pie sin poder hacer nada mientras tu hijo se esfuerza por seguir respirando. Los médicos de la ambulancia entran corriendo en la habitación con sus bolsas gigantescas y una camilla, disparando datos de constantes y haciendo preguntas rápidas a los que están cerca. El niño se pone azul y se le cierran los ojos. Empiezan con la reanimación cardiopulmonar y tú ves cómo el pequeño cuerpo salta cada vez que le presionan el pecho.
>
> Esa escena sucedió hace una semana en el jardín de niños de mi hijo. Sus ocho compañeros de clase tienen problemas de salud y desarrollo que oscilan entre moderados y graves y esa clase existe para que puedan seguir el ritmo de sus compañeros.

Entre los problemas que padecen, hay tumores cerebrales, esclerosis múltiple, fibrosis quística, autismo y cáncer en remisión. El pequeño que dejó de respirar había estado raro esa mañana, pero no tenía fiebre ni había vomitado. No hacía ni cinco minutos, estaba tan contento jugando con mi hijo con un tren eléctrico.

Aparté la vista para ayudar a otro niño a encontrar el crayón de color naranja y, de repente, gritos y un caos semicontrolado. Después, la llamada a emergencias. Después, los médicos de la ambulancia. Después, la habitación se vació de oxígeno y creo que tanto los maestros como los padres que estábamos de guardia contuvimos la respiración mientras el resto de los niños era llevado a otras clases por seguridad.

La madre de guardia ese día era la madre de la víctima. No estaba tranquila. Sus manos temblaban tanto que casi vacía el bolso en el suelo buscando algo dentro. Las lágrimas caían por sus mejillas cuando los médicos de la ambulancia entraron corriendo y le quitaron las manos de su hijo de entre las suyas para poder trabajar. Aun así, tuvo suficiente presencia de ánimo para sacar un libro muy cuidado que no me resultó desconocido: una libreta estilo Moleskine con la tapa blanda de color violeta. La banda elástica estaba pasada hasta la esquina inferior izquierda para sostener un bolígrafo pegado al lomo. Era un Bullet Journal.

Agarró las últimas páginas, las arrancó y se las tendió al médico que le estaba haciendo preguntas. Ella negaba con la cabeza y decía entre sollozos: «No puedo... No puedo...».

«Hay pulso», anunció el otro médico mientras que el tipo a cargo de todo miraba muy sorprendido los papeles. Yo me senté al lado de la madre y le pasé el brazo por los hombros. Pensé que podría haber sido mi hijo el que estuviera tendido en el suelo. Cualquiera de los niños de la clase.

La madre explicó con voz temblorosa qué había en esos papeles: «Sus medicamentos con sus dosis, los nombres de sus especialistas y sus números de historiales médicos, números de teléfono, alergias». Tomó aire. «Registro de crisis. También hay un registro de crisis», dijo. Le abracé con más fuerza los hombros; mi hijo también tiene crisis. Ella dijo en voz alta la fecha de nacimiento de su hijo mientras lo estabilizaban para moverlo.

El médico asintió y solo le dijo: «Gracias. Esto es exactamente lo que necesitamos para ayudarlo. Tengo que informar de todo esto». Sacó su teléfono e hizo exactamente eso: recitar información vital a quienquiera que fuera su interlocutor. Ella subió a la ambulancia con su hijo; yo me quedé mirando mientras cerraban las puertas de un golpe y arrancaban a toda prisa, con las luces y las sirenas al máximo.

Abracé a mi hijo un poco más fuerte esa noche y luego me senté y abrí una nueva sección en mi propio diario con información de emergencia, medicamentos y dosis, un registro de crisis, números de teléfono, números de historiales médicos y una lista de alergias. Durante la tarde, gasté una caja entera de Kleenex antes de llamarla. «Está bien —me dijo—, el médico me ha dicho que la información que mandó el encargado de la ambulancia les permitió actuar con rapidez. Estará bien. Está bien», repitió con la voz ronca y ahogada, aunque también llena de gratitud.

El amigo de mi hijo volvió al colegio y ahora va con un pequeño tanque de oxígeno que lleva en una mochilita. El pobrecito está triste por tener que llevarla. Pero está vivo, feliz y entero, que es todo lo que un padre puede desear para su hijo. También me fijé en que otros padres empezaron a llevar sus propias libretas, presumiblemente con la información vital necesaria para ayudar a sus hijos.

Nadie cree que su hijo pueda ser el siguiente que tenga que salir en ambulancia o que su madre anciana pueda tener una mala caída o que, después de un accidente de coche, uno pueda no recordar información vital y necesaria para tratar a sus familiares correctamente en el hospital. Pero seamos sinceros... Todos conocemos a alguien que lo ha necesitado recientemente. Todos hemos pasado por delante de un accidente en la carretera. Todos hemos tenido un lapsus momentáneo cuando nos han preguntado por los historiales médicos de nuestros hijos. Escríbelo. Llévalo contigo. Prepárate para cometer el pecado mortal del BuJo y arrancar las hojas en caso de emergencia. Podrías salvar una vida: la tuya, la de tu hijo, la de tu hermana, la de tu padre... Ser organizado podría marcar la diferencia entre vivir y morir.

PON EN MARCHA TU BULLET JOURNAL

1: PREPARA EL ÍNDICE*

- Numera las páginas 1-4
- Titula la página «Índice»
- – Añade al índice solo cosas que tengan contenido, no colecciones vacías

ÍNDICE | ÍNDICE

Registro futuro: 5-8
En: 9-
Objetivos: 13-16

1 | 2

2: PREPARA EL REGISTRO FUTURO*

- Numera las páginas 5-8
- Divide la página en 6 celdas
- Pon el nombre de los siguientes meses en las celdas
- Añade las tareas y actividades futuras
- Añádelo al índice

REGISTRO FUTURO	REGISTRO FUTURO
Feb	May
Mar	Jun
Abr	Jul
5	6

3: PREPARA EL REGISTRO MENSUAL

- Numera las páginas 9-10
- Titula las páginas con el mes en curso
- Lista las fechas y las tareas del mes
- Añade «9-» al índice

ENERO	ENERO
L1 M2 X3 J4 V5 S6 D7	• Donar ropa • Planificar viaje • Copia de seguridad web • Dentista • Guardería
9	10

4: PREPARA EL REGISTRO DIARIO

- Numera la página
- Usa la fecha de hoy como tema
- Apunta las tareas de hoy
- – Los registros diarios no se indexan

01.01.LU	02.01.MA
• Donar ropa o ¡Ascenso! x Copia de seguridad web - Visita de Jen mañana • Libro guardería	• Tim: llamar • Yoga: cancelar - Oficina cierra viernes o Fiesta de Brit
11	12

* Incluido en la libreta oficial de Bullet Journal

5: REVISA EL INVENTARIO MENTAL

- Tacha todo lo que no sea vital o importante
- Identifica contenido relacionado entre sí (por ejemplo, objetivos, proyectos, listas de la compra, etc.) para crear colecciones personalizadas.**

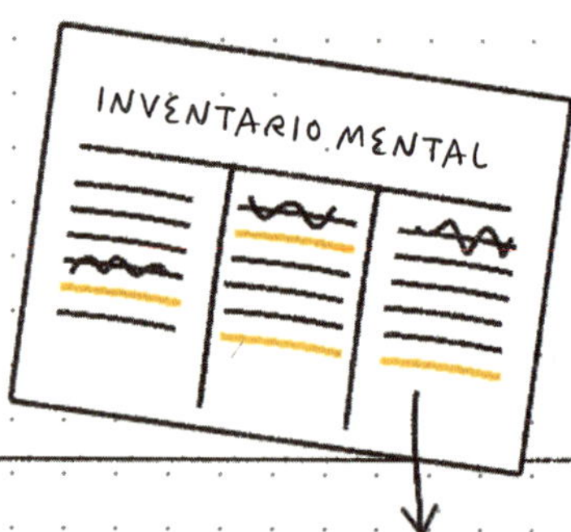

6: MIGRA EL INVENTARIO MENTAL

- Mueve los elementos futuros al registro futuro
- Migra elementos al registro mensual
- Decide cuáles son las prioridades del registro mensual
- Migra las prioridades al registro diario
- Migra otros elementos a colecciones personalizadas **

Registro futuro

Registro mensual

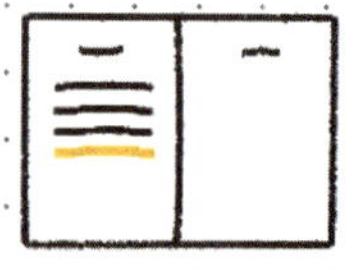
Registro diario

**COLECCIONES PERSONALIZADAS

Las trataremos con profundidad en la parte IV, pero se usan para almacenar contenidos relacionados entre sí como objetivos, proyectos o listas centradas en un tema. Prepáralos igual (con tema y números de página) y añádelos al índice.

Ejemplos:

Objetivos

Lista de la compra

Seguimiento médico

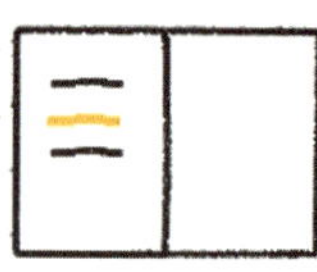
Lista de lecturas

III

LA PRÁCTICA

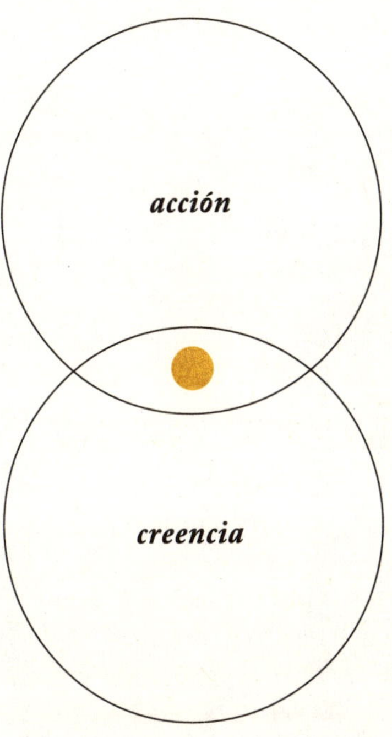

LA PRÁCTICA

La vida es lo que sucede mientras estás ocupado haciendo otros planes.

ALLEN SAUNDERS

Ahora tienes todas las herramientas necesarias para utilizar tu Bullet Journal para organizarte. Es un paso importante para asumir la responsabilidad del tiempo y la energía escasos y preciosos que nos han sido concedidos. Dicho esto, la organización puede convertirse en una forma de distracción astutamente disfrazada.

Puedes pasar horas elaborando listas de cosas pendientes sin tachar nunca ni una entrada. Puedes entrar en una espiral de limpieza doméstica mientras otros proyectos más importantes se resienten. Puedes pasar días, meses e incluso años trabajando de manera muy organizada por los motivos equivocados (como hice yo con mi *start-up* Paintapic). La importancia de qué hacemos o cómo lo hacemos se vuelve insignificante en comparación con por qué lo hacemos.

Estar ocupado no implica necesariamente ser productivo.

Estar ocupado puede compararse con bajar rodando por una escalera existencial: estímulo, reacción, estímulo, reacción. Este frenético ciclo de reacciones secuestra nuestra atención y limita nuestra capacidad de reconocer oportunidades de amar, crecer y darle sentido a nuestra vida. Estas son cosas que añaden valor a nuestra existencia y, sin embargo, quedan fácilmente ocultas por la prisa de nuestras ocupadas vidas.

Para ser productivos de verdad, lo primero que hay que hacer es romper este círculo. Necesitamos dejar un espacio entre las cosas que nos pasan y cómo reaccionamos a ellas. En ese espacio, se nos da la oportunidad de examinar nuestra experiencia. Ahí podemos saber qué depende de nosotros, qué tiene sentido, qué merece nuestra atención y por qué. Así es como empezamos a definir quiénes somos y en qué creemos.

Este tipo de revelaciones son un paso adelante importante, pero las cosas que aprendemos solo son pensamientos. Y, como la mayoría de ellos, se desvanecen con el tiempo, especialmente si se quedan en el plano abstracto y no tienen un papel activo en nuestras vidas. Incluso las creencias más fervientes o las lecciones que más nos han ayudado pueden disiparse si no se aplican activamente. ¿Qué pasaría si pudieras poner todas tus creencias en práctica con regularidad, poner a prueba ideas prometedoras y medir su impacto en tu vida al llevarlas a la práctica?

En la parte III descubrirás cómo el método Bullet Journal puede ser un puente entre nuestras creencias y nuestras acciones. Cada capítulo explorará las filosofías base de una gran variedad de tradiciones y te mostrará cómo ponerlas en práctica con la ayuda de tu libreta. Paso a paso, acortaremos la distancia entre lo que estamos haciendo y el porqué, definiendo cómo vivir una vida con intención de que sea tanto productiva como con sentido.

CONCEPTOS CLAVE

No podemos crear tiempo, solo tomarnos tiempo.

La felicidad es el resultado del sentido.
Para ser felices tenemos que preguntarnos qué es lo que nos aporta sentido. Para hacerlo, tenemos que tomarnos un tiempo para...

Cultivar la curiosidad mediante los objetivos.
Cumplimos nuestros objetivos dividiéndolos en piezas más pequeñas porque...

Las preguntas y soluciones pequeñas traen grandes cambios con el tiempo.
La productividad consiste en la mejora sostenible. Para conseguirla, tienes que...

Mirar en tu interior y descubrir un camino hacia delante.
Dedica momentos concretos a reflexionar sobre los contenidos de tu libreta. Prioriza lo importante, descarta lo que no lo es.

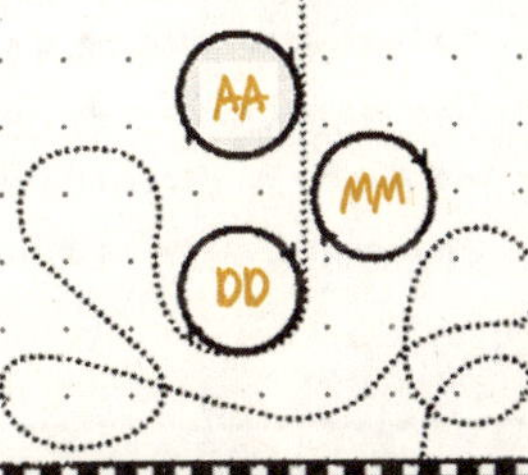

El fracaso está garantizado si nunca empiezas.
Si lo intentas y fracasas, fracasarás una vez. Si te conformas y fracasas, fracasarás el doble, porque sabes que no lo has intentado. Solo tienes que...

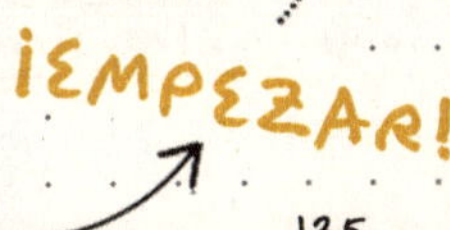

CONCEPTOS CLAVE

Mejor > Perfecto

"El obstáculo es el camino."
—Ryan Holiday

???

!!!

Lo único que puedes controlar es cómo respondes a las cosas. Centrarte en las cosas que no puedes controlar permite que ellas te controlen a ti. Céntrate en lo que puedes controlar.

A
B
C

Para ser útil, tienes que volverte útil, especialmente para ti. No puedes mejorar el mundo que te rodea si no puedes mejorar tu mundo interior. Elige bien tus amistades y sé buen amigo tuyo. Para empezar este proceso...

Estudia lo bueno que hay en tu vida. Los logros están vacíos si no los valoras. Si no puedes valorar lo duro que trabajas, ¿para qué sirve? Es importante...

Encontrar música en lo mundano. Cuando crees en lo que haces, tus objetivos transforman tu dolor.

EMPEZAR

A muchos pintores los aterra el lienzo vacío, pero el lienzo vacío teme al pintor que se atreve y que rompe el hechizo del «no puedes» de una vez por todas.

VINCENT VAN GOGH

Atreverse en la vida consiste en ser vulnerables a la posibilidad de fracasar. A la mayoría de nosotros no nos gustan los fracasos. Así que evitamos arriesgarnos. Nos conformamos y nos consolamos pensando que hemos eliminado la posibilidad de fracasar mientras nos ponemos el cinturón del asiento del copiloto y dejamos que sea la vida la que nos conduzca.

Lo cierto es que no hay manera de evitar el fracaso. Y, aunque el fracaso nunca sienta bien, fracasar en la vida a la que nos hemos resignado puede ser el doble de devastador. Digamos que no aceptaste un trabajo apasionante que te ofrecieron en un país extranjero porque era más sencillo quedarte donde estabas. Entonces, de manera inesperada, pierdes tu cómodo trabajo. Ahora tienes que enfrentarte a la pérdida de dos trabajos, uno de los cuales podría haber sido una experiencia transformadora. Nunca lo sabrás, pero lo más probable es que nunca dejes de preguntarte cómo habría sido.

No dejes que el miedo diluya tu vida. Fíjate, por ejemplo, en Heather Caliri, que se había enfrentado desde niña a la ansiedad relacionada con el rendimiento. Esto hipotecaba su alegría y su valentía a la hora de probar cosas nuevas, correr riesgos y disfrutar de las cosas que más amaba. El ejemplo más obvio y desconcertante de esto estaba relacionado con su amor por la lectura.

Después de ser madre, tenía cada vez menos tiempo para darse el gusto de pasar un buen rato leyendo tranquilamente. Se dio cuenta de que sentía ansiedad por su poco rendimiento como lectora. Sentía que no leía lo suficiente, ni lo suficientemente variado, ni los libros adecuados. Cuanto más pensaba en sus hábitos de lectura, más le costaba encontrar tiempo para leer.

Cuando empezó a usar el método Bullet Journal, se sorprendió de lo motivador que era marcar las casillas con una «X» y de lo mucho que disfrutaba con la creatividad que requería representar su vida de forma bonita en su libreta. Aun así, le costaba hacer un seguimiento de sus lecturas. «Solo me provocaría más ansiedad y me haría más consciente de lo poco que leo», pensaba. Cuando por fin creó una colección de «Libros que leer», se sorprendió al descubrir que, en realidad, era al contrario. Leía mucho. El tema no era que le faltara motivación; el tema era que había evitado intentarlo, por no fallar.

Heather creó el hábito de reconocerse más sus propios esfuerzos. Cuanto más leía, mejor se sentía consigo misma. Empezó a sentir alegría, emoción y unas ganas de leer que no había tenido desde hacía años. Su Bullet Journal le ayudó a sistematizar las lecturas para superar las barreras que había notado. Cuando nos damos la oportunidad de recompensarnos por nuestra valentía, suceden cosas potentes.

Nunca ha habido, ni habrá, una persona como tú. Tu perspectiva única podría reparar algún pequeño desperfecto del inabarcable tejido que es la humanidad. Sin embargo, la singularidad por sí sola no te hace valioso. Si no actúas, si no te atreves, entonces le estás coartando al mundo, y a ti, la oportunidad de aportar algo importante. Como dijo una vez el director de cine francés Robert Bresson, «Haz visible aquello que, sin ti, tal vez no se habría llegado a ver nunca».[21] Si no intentas hacer algo, lo único seguro es que nunca existirá. Al menos, no tu versión de ese algo. Es cierto que no todos nuestros esfuerzos serán exitosos, pero incluso nuestros denominados fracasos pueden ser grandes maestros.

Debemos responsabilizarnos de crecer. Crecemos cuando aprendemos, aprendemos cuando nos atrevemos a pasar a la acción. Siempre habrá riesgo, porque no podemos controlar el resultado. Así es la vida y no se puede evitar. Sin embargo, lo que sí podemos evitar es que nos persigan para siempre las cosas que podrían haber sido si nos hubiésemos atrevido. Empecemos dándonos permiso para creer que valemos lo suficiente la pena como para arriesgarnos.

EN LA PRÁCTICA

A veces, lo más complicado de empezar es saber por dónde hacerlo. A lo mejor no sabes cómo empezar a abordar tus objetivos, proyectos, tareas o, incluso, cómo organizarte. A lo mejor te da miedo hacerlo todo mal o decepcionarte a ti mismo. Si es así, una buena manera de empezar a hacer algo es crear el hábito de capturar pensamientos en papel.

Empieza tomando notas sobre este libro en tu Bullet Journal. En la parte III, hablaremos de un montón de ideas distintas. Espero que parte de ese material te inspire nuevos pensamientos o proporcione información que te parezca útil. No dejes que se escape. Escríbela.

Crea una colección con el título «Método Bullet Journal» en tu libreta. A medida que leas, haz registros rápidos de todo lo que se te ocurra utilizando los bullets sobre los que has leído en la parte II.

Sigue registrando tus pensamientos a medida que avances por los capítulos para que vayas habituándote al sistema. Entonces, piensa en tu siguiente necesidad. A lo mejor añades un índice para poder encontrar tus notas más adelante y refrescar tu memoria.

Los pensamientos son la fuente de nuestros objetivos, esperanzas, sueños y, en última instancia, nuestras acciones. Una forma sencilla de empezar cualquier proyecto consiste, sencillamente, en sacar los pensamientos de la cabeza y organizarlos en papel. Al hacerlo, ya cruzaste la línea de salida y comprendiste que solo es otro momento. La única diferencia es que ahora tú estás al volante.

REFLEXIÓN

Conócete a ti mismo.

Sócrates

¿Qué te llevó a abrir este libro? ¿Qué sucesos te trajeron hasta aquí? ¿Solo estabas echando una ojeada a la estantería? ¿Estás leyendo esto porque te lo regalaron y no quieres herir los sentimientos de quien te hizo el regalo? (Si es así, ¡gracias por llegar tan lejos!) ¿O sientes que te falta algo y esperas encontrarlo aquí? Si es así, ¿cómo definirías esa pieza que te falta? ¿Cómo ha afectado a tu vida? Puede que estas preguntas hayan agitado alguna cosa turbia en tu interior. Son para mostrarte que da igual lo sencillo que nos parezca un gesto, siempre es el resultado de incontables decisiones anteriores.

Una de mis esculturas preferidas es *El pensador*, de Auguste Rodin. Es esa en la que un tipo desnudo está sentado en un bloque de piedra con la cabeza apoyada en la mano... Pues eso, pensando. Como muchas de las obras de Rodin, parece inacabada. Algunas superficies son rugosas, a otras les falta detalle. La obviedad de esos millones de decisiones insignificantes aporta inmediatez y humanidad a su trabajo, es como si pudiéramos ver al mismo artista pensando.

Como un bloque de mármol, nuestras vidas son finitas. Empiezan rugosas y sin forma. Cada elección que hacemos es un golpe de cincel sobre la piedra. Cada acción elimina tiempo irremediablemente. No hay ninguna acción que sea tan insignificante que no pueda beneficiarse de nuestra atención. A menudo es la falta de atención la que hace que arrastremos un montón de decisiones vergonzosas en nuestra conciencia.

Solo para que quede claro, tomar malas decisiones, da igual lo inteligentes o sabios que seamos, forma parte inevitablemente de ser humanos. Además, la vida es un material ingobernable. Se escurre, se rompe, cambia, se desmorona. A veces, somos nosotros los que estamos bajo el cincel. Y su impacto nos deja partes rugosas y mal acabadas. Lo bonito es que, mientras estamos vivos, siempre hay algo con lo que trabajar. Como *El pensador*, la vida no tiene que ser grande, lisa o perfecta para ser bella. Dicho esto, siempre podemos mejorar.

Muchas malas decisiones nacen de un vacío en la autoconsciencia. Nos enfrascamos tanto en hacer cosas que olvidamos preguntarnos por qué las hacemos. Preguntar por qué es un primer paso, pequeño pero consciente, que tomamos en la búsqueda de sentido.

A menudo, la búsqueda de sentido empieza más tarde de lo que debería. Porque parece una empresa tan monumental o esotérica que tendemos a evitar esta forma de indagación hasta que nos vemos obligados a ello por alguna crisis o circunstancia. Explorar nuestros porqués desde esa posición nos pone en desventaja. Nuestra capacidad para pensar y ver las cosas con claridad está cubierta por un velo de sufrimiento. El examen de nuestra alma no tiene que limitarse a las épocas malas de nuestra vida. Puede ser una parte habitual de nuestra cotidianidad. Todo empieza siendo conscientes de cómo invertimos nuestro tiempo y energía, algo que nuestros Bullet Journals recopilan fielmente para que podamos consultarlo.

A lo mejor estás pensando: «Analizar mi lista de cosas pendientes no va a dar respuesta a las grandes preguntas vitales». A lo mejor, o a lo mejor es que no tenemos práctica a la hora de formular ese tipo de preguntas. Para entender los porqués más intimidatorios (¿Qué sentido tiene la vida? ¿Por qué estoy aquí?) hay que empezar formulando porqués más manejables: ¿Por qué estoy trabajando en este proyecto? ¿Por qué me molesta mi pareja? ¿Qué me está estresando? Con el método Bullet Journal hacemos esto mediante la práctica de la reflexión.

La reflexión es el vivero de la intencionalidad. Nos proporciona un entorno mental protegido para lograr la tan necesaria perspectiva y empezar a preguntar «por qué». Mediante la reflexión cultivamos el hábito de pasarnos lista para examinar nuestro progreso, nuestras responsabilidades, nuestras circunstancias y nuestro estado mental. Nos ayuda a ver si estamos resolviendo los problemas correctos, respondiendo a las preguntas correctas. Es cuestionando nuestra experiencia como empezamos a separar el grano de la paja, el porqué del qué.

No te preocupes, la reflexión no es una invitación a flagelarse por los errores del pasado. Es una oportunidad para cosechar la gran cantidad de información contenida en tu experiencia vital y utilizarla para abonar tu futuro.

La reflexión ayuda a identificar lo que nos nutre para poder tomar mejores decisiones al sembrar para la siguiente temporada de la vida.

Vivimos temporadas mejores y peores, cosechas triunfales y cosechas con pérdidas. En cada temporada cambian nuestras necesidades. Vivimos, aprendemos, nos adaptamos. Y también tiene que hacerlo nuestra definición del sentido de nuestra vida. Hay cosas que florecen en una temporada y mueren en la siguiente. Si nos aferramos ciegamente al pasado, nos veremos obligados a sustentarnos con las creencias caducas de cosechas pasadas. No hay duda de por qué a menudo nos sentimos insatisfechos, vacíos y hambrientos de sustancia.

Para poder llevar vidas plenas, tenemos que aceptar la naturaleza cambiante de nuestra experiencia y convertir la búsqueda de sentido en una práctica continua. Por eso, el método Bullet Journal tiene múltiples mecanismos de reflexión integrados. En este punto es cuando el método pasa de ser un sistema a una práctica que nos ayuda a alejar continuamente lo innecesario y revelar lo que tiene sentido.

EN LA PRÁCTICA

A lo mejor estás pensando: «Ryder, yo quiero ser una persona más reflexiva, pero nunca tengo tiempo. Necesito un estado mental concreto para poder pensar en profundidad. Soy una persona dispersa y mis pensamientos también lo son».

Si estás usando el Bullet Journal, ya empezaste a serlo. Al llevar distintos tipos de registros, no solo estás organizando tus responsabilidades, sino que también estás documentando tus pensamientos y acciones. Es una forma de reflexión pasiva. Lo único que tienes que hacer es una transición a tu propio ritmo de la reflexión pasiva a la activa.

Reflexión diaria

A lo largo del día utilizas el registro diario (página 89) para capturar tus pensamientos. Ahora se trata de revisarlos. Para eso sirve la reflexión diaria. Nos permite cerrar cada día con dos momentos dedicados a la introspección activa.

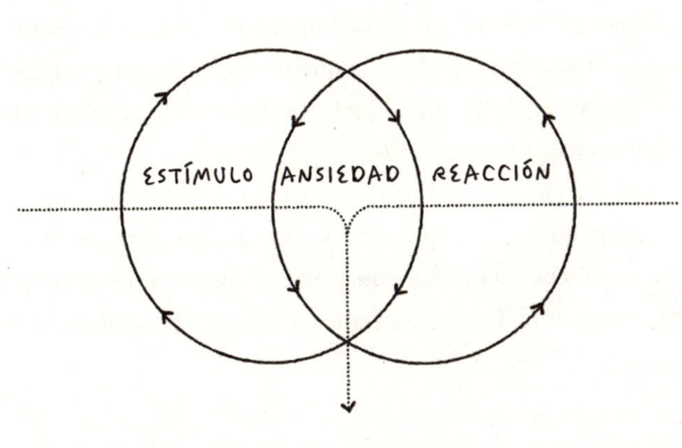

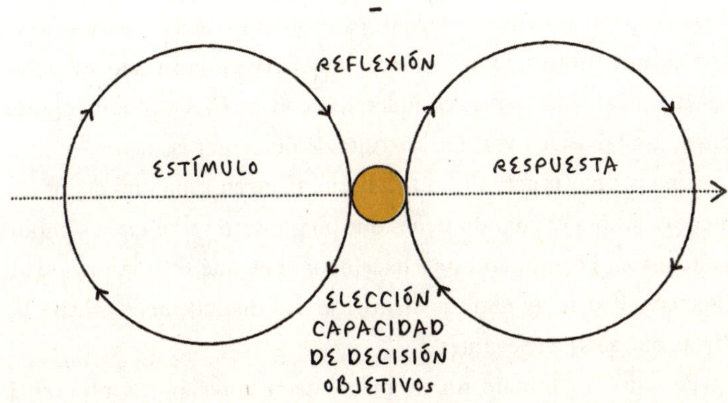

Reflexión matutina: el momento de planificar

Por la mañana, o antes de sumergirte en tu día, tómate un momento para sentarte con tu Bullet Journal. Si eres de esas personas que se levanta con la mente en ebullición, es el momento de liberar presión. Descarga todo lo que haya surgido por la noche. Despeja tu mente para hacer sitio para el día que te espera. Para los que no son personas antes de desayunar, la reflexión matutina es una forma de encender la maquinaria.

A continuación, repasa todas las páginas del mes en curso para recordar cualquier tarea que tengas abierta. Esto nos ayuda a concentrarnos, a tener claras las prioridades y planificar de acuerdo con ellas. Empezarás el día con confianza, claridad y unos objetivos marcados.

Reflexión vespertina: el momento del análisis

Mientras que la reflexión matutina está orientada a la planificación para arrancar el día, la reflexión vespertina está orientada a analizar para contribuir a relajarnos. Antes de irte a dormir, siéntate con el Bullet Journal y revisa todo lo que hayas registrado a lo largo del día. Marca las tareas completadas con una «X». Si falta alguna tarea, anótala. Una vez más, se trata de descargar la mente.

Una vez hayas actualizado el diario, fíjate en cada uno de los elementos. Ahora es cuando tienes que preguntarte: ¿Por qué es importante esto? ¿Por qué lo estoy haciendo? ¿Por qué es una prioridad? Etcétera. Eso te ayudará a identificar las distracciones. Tacha las tareas que sean irrelevantes.

Por último, tómate un momento para apreciar tus progresos.

Reconoce las pequeñas victorias del día. La reflexión vespertina puede ser una manera fantástica de descomprimir antes de irte a dormir, eliminar estrés y ansiedad al reconocer que has progresado, que estás preparado y que tienes unos objetivos marcados.

Consejo: Puedes usar la reflexión diaria como tu oportunidad diaria para desintoxicarte de lo digital. Después de tu reflexión vespertina, implementa una política de «cero pantallas» que dure hasta la reflexión matutina del día siguiente. Es una forma sencilla de acostumbrarte a desconectar.

Reflexión mensual y anual mediante la migración

La tecnología siempre nos lleva hacia una existencia más lisa: cuanta menos fricción, mejor. Eso está muy bien cuando se trata de pedir una pizza a domicilio. No necesitas entender toda la milagrosa tecnología que permite que esa diosa cubierta de queso aparezca en tu puerta como de la nada. Sin embargo, la comodidad suele llegar a costa de la comprensión. Cuanto menos tiempo pases examinando cosas, menos sabrás de ellas. Cuando se trata de entender a qué dedicas tu vida, es importante frenar y tomarse un tiempo.

La migración está diseñada para añadir la fricción necesaria para reducir la velocidad, tomar distancia y sopesar las tareas que te autoimpones. A primera vista, es un mecanismo de filtro automático, diseñado para compensar tu paciencia limitada. Si no vale la pena tomarse unos segundos para volver a escribir algo, entonces seguramente no es importante. Además, la escritura a mano dispara nuestro pensamiento crítico y nos hace establecer nuevas conexiones entre las ideas. A medida que migras cada elemento, te permites identificar relaciones no convencionales y oportunidades de poner cada uno de esos elementos bajo el microscopio de tu atención.

Por cada cosa a la que decimos sí, estamos diciendo no a otra. La migración nos da una oportunidad de volver a comprometernos con lo que importa y soltar lo que no. Como dijo una vez Bruce Lee: «No se trata de incrementar a diario, sino de reducir; poda todo lo que no sea esencial».

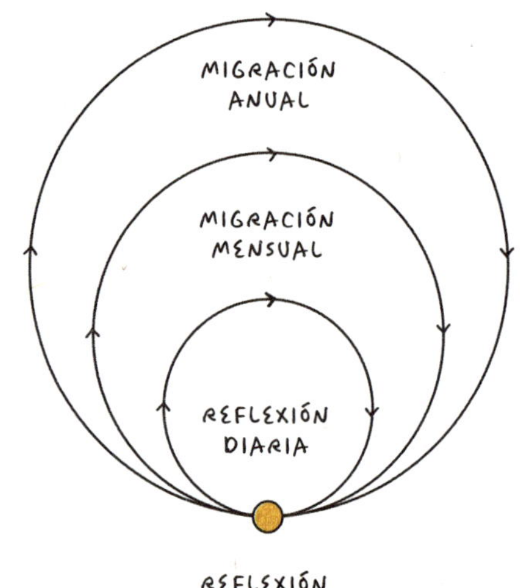

Constancia

A menudo me preguntan cuánto tiempo dedico a mi reflexión diaria. En promedio, dedico entre 5 y 15 minutos por sesión. No se trata de cuánto tardas, sino de ser constante. Si notas que no haces la reflexión, reduce el tiempo que le dedicas. Tómate tanto o tan poco tiempo como necesites para que se convierta en parte de tu rutina diaria.

El objetivo es crear el hábito de reunirte contigo mismo y plantearte pequeños porqués. Con el tiempo, responderás mejor a esas preguntas. Refinarás tus creencias, tus valores, tu capacidad para detectar tus fortalezas y debilidades. Poco a poco, empezarás a eliminar distracciones y cada vez estarás más presente y serás más consciente.

Consciencia

En su hermoso discurso de graduación «Esto es agua», en la Universidad de Kenyon, el escritor David Foster Wallace habló del día a día y de cómo «el supuesto "mundo real" no te va a intentar disuadir de que funciones bajo tu configuración por defecto, puesto que el supuesto "mundo real" de los hombres y del dinero y del poder ya va marchando bastante bien con el combustible del miedo y el desprecio, de la frustración, el ansia y la adoración de uno mismo».[22]

Habla de cómo, si no tenemos cuidado, podemos empezar a avanzar en piloto automático, lo que puede empobrecer mucho nuestra experiencia del mundo. Durante la reflexión, adquirimos la costumbre de apagar el piloto automático al examinar nuestra experiencia. Esta forma de introspección nos obliga a formular preguntas y a no dar nada por supuesto. Nos anima a pensar sobre nosotros mismos y sobre el mundo de una manera más considerada.

Al observar nuestra experiencia de manera constante, somos más conscientes de que incluso el momento más insulso puede ser más profundo de lo que parece. A medida que cultivemos nuestra consciencia, tendremos «el poder real de experimentar una situación masificada, calurosa y lenta del tipo infierno consumista como algo no solo lleno de sentido, sino también sagrado, que arde con la misma fuerza que ilumina las estrellas: la compasión, el amor, la unidad de todas las cosas bajo su superficie».[23]

Resumen

Cuando vas a graduarte la vista, te piden que leas símbolos de un póster a través de un gran artefacto de metal lleno de lentes llamado *foróptero*. A medida que lees, el optometrista cambia las lentes y pregunta qué tan enfocados están los símbolos. ¿Mejor ahora? Clic. ¿Y ahora? Clic. El objetivo es encontrar el conjunto de lentes que alteran la forma en que la luz llega a nuestra retina para que podamos ver con más claridad.

Cuando se trata de vivir una vida con intención, la reflexión es nuestro foróptero. Es el mecanismo que nos ayuda a mejorar nuestra percepción, pero para que funcione bien tenemos que añadirle lentes. Es probable que tú ya tengas algunas, como tus valores o tus creencias. Sin embargo, la reflexión es una práctica antigua y muy rica. Cada tradición ofrece sus propias lentes para corregir nuestra miopía y mejorar nuestro entendimiento al reflexionar. En los capítulos siguientes te mostraré las lentes que yo considero más útiles. Exploremos estas lentes diseñadas para ayudarnos a centrarnos más en nuestra vida.

SENTIDO

Los ojos solo ven luz, los oídos solo oyen sonidos, pero un corazón que preste atención percibe el sentido.

DAVID STEINDL-RAST

Mi episodio favorito de *En los límites de la realidad* se titula «Un lugar agradable para visitar». Cuenta la historia de un tal Sr. Valentine, un ladrón astuto que recibe un disparo por parte de la policía durante un robo y es conducido al otro mundo por un amable caballero inglés que viste un traje blanco impecable. Para sorpresa de Valentine, lo colman le lujos: un gran ático en Nueva York, armarios llenos de trajes hechos a medida, muebles bar llenos de los mejores licores. Se pasea por la ciudad en coches caros y gana una y otra vez en los casinos, rodeado de mujeres de la alta sociedad que lo miran embelesadas. Dinero, poder, atractivo sexual, todo lo que siempre ha querido es suyo al fin.

Sin embargo, con el tiempo, la novedad pierde gracia. Su alegría se transforma en aburrimiento. La existencia perfecta que siempre había deseado resulta ser completamente insatisfactoria. Valentine mira a su guía y le dice: «Creo que el Cielo no es para mí. Creo que debería estar en otro lugar». A lo que el guía le responde con ironía: «¿Qué te hace pensar que estás en el Cielo?».

El éxito a menudo nos deja sorprendentemente vacíos. Esto no es cierto solo en el caso del éxito económico, sino de cualquier mejora personal que siempre hemos creído que era buena y sana. En el artículo «How I'm Overcoming My Obsession with Constant Self-Improvement» (en español, «Cómo estoy superando mi obsesión por la automejora constante»), Leo Babauta, el creador del blog *Zen Habits*, explica que, después de participar en un ultramaratón, en el Goruck Challenge (una carrera de obstáculos de diez horas en la que los participantes llevan una mochila llena de ladrillos) y de aprender a programar había descubierto que su vida no había mejorado. «La fantasía nunca se hizo realidad», escribe.[24] No es el único que ha llegado a esa conclusión.

La población mundial está más alfabetizada, bien alimentada, vacunada y tiene un mayor acceso a la tecnología que nunca en la historia. Sin embargo, el deseo de «más» está empujando a los milenials a gastar casi el doble cada mes en la mejora personal que la generación de *baby boomers* (los nacidos después de la Segunda Guerra Mundial), a pesar de ganar la mitad que estos.[25] Lo que pone otra pregunta sobre la mesa: ¿cómo encajamos esta tendencia con las crecientes tasas de depresión? Los jóvenes estadounidenses que padecen depresión grave han pasado de 5.9 por ciento en 2012 a 8.2 por ciento en 2015.[26] Solo en Estados Unidos, los trastornos causados por la ansiedad afectan a 40 millones de adultos, eso es 18.1 por ciento de la población.[27]

Puede que pienses que ponerte en forma e ir a clases nocturnas son objetivos que valen mucho la pena. Tal vez, pero el impacto de lo que estás haciendo depende de por qué lo haces. La clave es entender la motivación subyacente a tanto esfuerzo. Nuestros esfuerzos siempre van impulsados por una promesa. ¿Qué esperas exactamente a cambio de tu sangre, sudor y lágrimas? ¿Cuál es el objetivo oculto detrás de todos tus objetivos? Para la mayoría de nosotros es ser feliz, y ahí está el problema.

Piensa en el último objetivo que alcanzaste. Te esforzaste mucho, impulsado por el potencial y la promesa de una vida más feliz. Pero cuando por fin cruzaste la línea de meta, ¿con qué te encontraste? ¿Te sentiste como esperabas después de aquel aumento, aquella casa nueva, aquel coche, aquellas vacaciones? Cabe la posibilidad de que la respuesta sea no, o, al menos, no durante mucho tiempo. ¿Y por qué?

Podemos empezar a deshacer este entuerto aceptando una sencilla verdad: nadie puede saber con absoluta certeza qué le hará feliz. De hecho, lo cierto es que somos bastante malos a la hora de adivinar cómo nos hará sentir alguna cosa, gracias a un fenómeno conocido como sesgo relacionado con el impacto: «La tendencia de las personas a sobreestimar la duración y la intensidad de futuros estados emocionales».[28] En esencia, subestimamos perpetuamente nuestra capacidad de adaptación.

Mientras corremos hacia nuestros objetivos, aprendemos cosas y nuestras circunstancias cambian. Para cuando llegamos a la línea de meta, somos otras personas. Lo único que podemos hacer es intentar acertar qué nos hará felices. Así que apostamos a ciegas, nos jugamos nuestro dinero, nuestro tiempo y nuestra cordura en busca de la felicidad. Parece que cuanto más intentamos ser felices, más se nos escapa esa felicidad. Como dijo una vez el cómico Tim Minchin: «La felicidad es como un orgasmo: si te obsesionas por lograrla, se te escapará».[29]

Por cierto, nuestra inclinación natural por el placer es otro factor importante a la hora de entender la naturaleza enigmática de la felicidad. Estamos construidos para adaptarnos al calor, al frío, a las adversidades, y esto es en parte el resultado de nuestra capacidad para experimentar placer. El placer nos permite distinguir rápidamente lo bueno de lo malo, lo nocivo de lo útil. Nos gustan las cosas que nos hacen sentir bien y haremos todo lo que sea necesario para conseguir más de eso que nos gusta, como un techo, sustento y agua.

En la antigüedad, cuando nos pasábamos la mayor parte del tiempo intentando, básicamente, no morir, el placer era limitado y resultaba útil. Hoy en día es un producto que nos venden como sustituto de la felicidad y podemos obtenerlo a voluntad.

Gracias a nuestra capacidad de adaptación, incluso la experiencia o compra más placentera se convierte rápidamente en algo aburrido y normal. Así que sentimos la necesidad de obtener otra dosis rápida de placer. Como ya no nos satisface lo que tenemos, tratamos nuestro mono incrementando la dosis. Más zapatos, más bebida, más sexo, más comida, más «me gusta». Más. Este fenómeno se conoce como *adaptación hedonista*.

Explotar lo que Sean Parker, uno de los fundadores de Facebook, denominó «vulnerabilidad de la psicología humana» es la base de nuestra economía.[30] Solo hay que ver cuántos anuncios se centran no en vender algo «bueno», sino «mejor»: más rápido, más fresco, más fuerte, más ligero, mejor. Lo «bueno» está bien, pero «mejor» es una promesa de «felicidad» que podemos conseguir con una simple transacción.

Lo que se puede comprar se puede poseer. Ese es el contrato social. Compramos zapatos en la zapatería, ropa en la tienda de ropa, coches en el concesionario, etc. Pero no hay una tienda de la felicidad. No es porque no se pueda comprar, es porque no se puede poseer.

La felicidad, como la tristeza, viene y va. Es una emoción y, como todas las emociones, por suerte, es temporal. Imaginemos un mundo en el que nuestras emociones quedaran fosilizadas, obligándonos a convivir eternamente con nuestros demonios. O el Cielo/Infierno de Valentine, donde las cosas son tan perfectas, tienen tan poco contraste, que al final parece que nada tiene sentido. Esto nos envenenaría. De hecho, a menudo definimos la incapacidad de transitar entre estados emocionales como una enfermedad mental. Visto así, buscar un determinado estado místico de felicidad perpetua no solamente colisiona con la realidad, sino que no parece deseable.

Así, ¿son en última instancia inútiles todos nuestros objetivos y esfuerzos? En absoluto. Significa que la felicidad no puede ser un objetivo en sí misma. Está claro que la felicidad es importante, así que la pregunta se convierte en: ¿cómo la atraemos a nuestra vida?

Si buscamos la palabra en un diccionario, veremos que tiene muchos sinónimos, lo que demuestra la complejidad y la cantidad de matices que puede tener esta experiencia, pero ninguno de ellos nos muestra un camino para ser felices. Eso queda para la filosofía. Una de estas filosofías es la escuela griega del eudemonismo, «una filosofía moral que define las acciones correctas como aquellas que conducen al "bienestar" de los individuos».[31] Esta idea de que el bienestar satisfactorio es solo una consecuencia de las acciones humanas es un tema recurrente en toda una serie de tradiciones filosóficas de todo el mundo. En otras palabras: la felicidad es el resultado de nuestras acciones dirigidas hacia otros objetivos.

Si la felicidad es el resultado de nuestras acciones, entonces tenemos que dejar de preguntarnos cómo ser felices. En lugar de eso, deberíamos preguntarnos cómo ser.

La población de Okinawa, en Japón, por ejemplo, se encuentra entre las más felices y longevas del mundo con una gran tasa de centenarios, unos 50 por cada 100 000.[32] Cuando se les pregunta cuál es el secreto de su felicidad, la respuesta habitual es *ikigai*. «El *ikigai* es la intersección entre lo que se te da bien y lo que te apasiona hacer», afirma el autor Héctor García. Escribe: «Del mismo modo que los humanos hemos deseado objetos y dinero desde el inicio de los tiempos, otros humanos se han sentido insatisfechos con la incesante búsqueda de dinero y fama y se han centrado en algo más grande que su riqueza personal. Esto ha sido descrito a lo largo de los años con distintos nombres y prácticas, pero siempre prestando atención al eje central del sentido de la vida».[33]

A lo mejor lo estamos haciendo todo al revés. Parece como si, en nuestra búsqueda de la felicidad, nos estuviéramos apartando de lo que podría darnos sentido. Pero es en la búsqueda de sentido cuando parece que es más probable que surja la felicidad. Como dijo Viktor Frankl: «La felicidad no se puede perseguir, solo puede presentarse por sí misma».[34]

La pregunta se convierte en: ¿qué es el sentido? Muchos de nosotros no estamos seguros y no pasa nada. Es una pregunta profundamente complicada que nos ha dado dolores de cabeza desde que tenemos cabeza para pensar en ella. Las definiciones académicas son vagas por necesidad para abarcar todas las opiniones subjetivas sobre el sentido. Hemos experimentado de primera mano cómo ha cambiado para nosotros la definición del sentido con el tiempo. ¿Seguimos amando las mismas cosas que cuando teníamos doce años? Probablemente no. Lo que está claro es que no hay un único sentido de la vida, hay muchos.

Desde el servicio a la fe, desde la familia a la colaboración, las personas están dispuestas a discurrir por todo tipo de caminos en busca de sentido. Sí, todos valen la pena, pero eso no significa necesariamente que te satisfagan a ti. He conocido muchos voluntarios, trabajadores sociales, maestros, médicos e incluso padres desilusionados. Saben que lo que hacen tiene sentido objetivamente, pero ellos no lo sienten así.

¿Qué tiene que ver lo que sintamos con el sentido de la vida? Podríamos decir que todo. No se puede intelectualizar de ninguna manera y por eso cuesta tanto definirlo. Cuando surge, lo sientes. Los griegos tenían una palabra para eso, *phaínesthai*, que se ha traducido de distintas maneras, como «mostrarse», «aquello que se revela», «brillar a lo lejos» y «aparecer».[35]

Tus sentidos experimentarán algo que «brilla a lo lejos» y que contiene una promesa de sentido.

Si vivimos vidas pasivas, que no persigan eso que brilla a lo lejos, permaneceremos en la oscuridad sin conocer cuál es nuestro lugar en el mundo. En ese estado, nos parecerá que nuestros esfuerzos, por muy bien intencionados o nobles que sean, no tienen sentido, porque parecerá que no sirven de nada. Intentamos, sin éxito, llenar ese vacío con cosas que lo único que hacen es cargarnos aún más. Por eso es vital buscar lo que brilla a lo lejos para nosotros.

¿Cómo descubrimos ese brillo? Del mismo modo que tenemos un mecanismo integrado para ver, también tenemos un mecanismo integrado para percibir las cosas que nos llaman: nuestra curiosidad.

Nuestra curiosidad es la emocionante electricidad que sentimos en presencia de algo que tiene potencial. Dispara nuestra imaginación y nuestra capacidad de maravillarnos, nos saca de nosotros mismos y nos lanza al mundo. Es algo magnético que, a menudo, supera a la razón, la avaricia, el enriquecimiento personal e incluso la felicidad. Seguro que ya has experimentado esto de alguna manera, ya sea como atracción por una persona, fascinación por un tema o emoción de trabajar en algo que te gusta. Tu curiosidad también puede ser atraída por cosas que aún no has experimentado. Ya sea la idea de crear una familia, una empresa, hacer un álbum o poner solución a algún problema concreto del mundo. Sea lo que sea, son cosas que tu corazón identifica como algo que puede tener sentido. La pregunta es: ¿Alguna vez te has permitido tomarte un momento para definir cuáles son exactamente estas cosas?

Tomemos distancia. Antes de apuntarte al gimnasio, matricularte en esa clase, comprarte ese televisor o incluso marcarte objetivos, ayuda tener algo de conciencia global básica que guíe tus actos. Tienes que tomarte un momento para articular tus ideas sobre lo que significa vivir una vida con sentido basándote en tu experiencia. Si no te orientas así, puedes perderte en «el otro lado», lejos de las cosas que te importan. Así que vamos a ver ahora qué tipo de vida quieres, empezando por el siguiente ejercicio.

EN LA PRÁCTICA

HISTORIA DE DOS VIDAS

Este experimento teórico está inspirado por el poema de Robert Frost «El camino no elegido». Imagina que eres un viajero que llega a un cruce de caminos. Uno de ellos es el camino conocido. El otro es el camino menos transitado.

EL CAMINO CONOCIDO

Este camino te lleva a lo que te resulta familiar. Antepone la comodidad al riesgo. Es una continuación de tu vida actual. Sencillamente, avanzas en las búsquedas con las que te sientes a gusto, sin poner mucho esfuerzo en cambiar tus peores cualidades ni buscar mejorar. Al final de esta vida, ¿qué habrás logrado personal y profesionalmente? ¿Qué consecuencias tiene esta vida?

EL CAMINO MENOS TRANSITADO
Este camino te lleva a lo que no te resulta familiar. Es una vida que da prioridad al riesgo en vez de a la comodidad. Te atreves a perseguir cosas que te interesan y trabajas activamente para mejorarte. Al final de esta vida, ¿qué habrás logrado personal y profesionalmente? ¿Qué consecuencias tiene esta vida?

Ahora (sigue conmigo), tómate 15 minutos o más **por camino** para escribir tu necrológica basándote en el camino que hayas tomado. Crea una colección titulada «Dos vidas» y añádela a tu índice. Empieza con una página doble para un camino. Empieza la segunda página doble solo después de completar la primera. Utiliza todas las páginas que necesites. Profundiza. Hazlo con sinceridad. Esto es absolutamente privado, no se lo enseñes a nadie. ¿Qué ves a medida que te adentras en cada uno de los caminos?

Autopsia

1. Lee las dos necrológicas. En la siguiente página de tu libreta, escríbete una carta. ¿Qué conclusiones, emociones, preguntas, cosas positivas o negativas surgieron durante el ejercicio? ¿Qué te sorprendió? ¿Qué te entristeció o te asustó? ¿Qué te emocionó? Lo más importante es capturar cómo te sientes al ver toda tu vida ante tus ojos. Escríbelo de manera que recuerde a tu yo del fututo, el que leerá esto más adelante, lo que cambió, porque seguro que algo cambiará. Recuérdate

de dónde estás intentando alejarte y a dónde quieres ir.

2. Selecciona la vida que te guste más e identifica y marca con un círculo los logros de los que estés más orgulloso. Cuando acabes, migra (página 119) esos elementos a una colección de objetivos (página 163). Y, así, has dado el primer paso para llevar a cabo una vida con más sentido a tu manera. ¡Sigamos!

OBJETIVOS

No podemos hacer grandes cosas,
solo pequeñas cosas con gran amor.
MADRE TERESA DE CALCUTA

La curiosidad dirige la aguja de nuestra brújula interna hacia el magnetismo esperanzador de lo posible y lo que nos da sentido. Es la fuerza que nos empuja a aventurarnos fuera de nuestra zona de confort en territorio desconocido lleno de incertidumbre y riesgos. La pregunta se convierte en: ¿Cómo podemos dirigir mejor nuestra curiosidad y reducir el riesgo de fracasar? Estableciendo objetivos. Cuando hay una intención detrás, los objetivos proporcionan estructura, dirección, concentración y finalidad.

Los objetivos nos dan la oportunidad de definir lo que queremos.

Si no se establecen con intención, los objetivos pueden ser reacciones instintivas a cosas malas o dolorosas en nuestras vidas. Si sientes que tienes sobrepeso, por ejemplo, dedicarte a correr un maratón dentro de unos meses es un objetivo reactivo y probablemente contraproducente. Las posibilidades de cumplir ese objetivo son escasas, pero las posibilidades de decepcionarte o hacerte daño son altas. Cuando establecemos objetivos como reacción ante algo, es posible que acabemos en la casilla inicial: mucho riesgo, poca recompensa.

Apropiarnos de los objetivos de otras personas es otro error habitual. «Ganar un millón de dólares», por ejemplo, es el típico objetivo que oímos decir a mucha gente, pero no tiene sentido. ¿Por qué? Porque no sirve para nada. Son calorías vacías. Tus objetivos tienen que tener sustancia para poder ser sostenibles en el tiempo. Tienes que entender exactamente por qué necesitas un millón de dólares.

Tus objetivos deberían estar inspirados en tu experiencia. Seguro que hay cosas que te apasionan en tu vida, ya procedan de la inercia positiva que proporciona la alegría o sean una lección dolorosa de la Universidad de los Fiascos. ¡Ponlas a trabajar! Ambas fuentes son muy potentes y puedes extraer de ellas objetivos con sentido.

Con eso en mente, vamos a volver a establecer ese objetivo de conseguir mucho dinero: «Quiero conseguir suficiente dinero para saldar mi hipoteca, comprar una casa en el campo para cuando se jubilen mis padres y pagar la educación de mis hijos».

Ese objetivo, aunque sigue siendo ambicioso, tiene unos parámetros con sentido. Sabes exactamente qué impacto tendrá el dinero en tu vida y cómo la mejorará. Eso es muy importante, porque los grandes objetivos piden tiempo y un esfuerzo constante para poder ser completados. De todos los retos a los que nos enfrentaremos en el camino, el aguante suele ser el adversario más astuto y letal. Los grandes objetivos tienen que estar impulsados por una necesidad real que nos ayude a capear los temporales durante días, meses o años hasta alcanzarlos. Esa necesidad tiene que ser lo suficientemente fuerte para fortalecernos ante los cantos de sirena de las distracciones, las excusas y las dudas que nos lanzarán contra las rocas. Angela

Lee Duckworth, doctora y autora de *Grit*, descubrió que la «perseverancia y la pasión depositadas en objetivos a largo plazo» eran un indicador de éxito futuro «más que cualquier otra cosa».[36]

Para algunos de nosotros, la perseverancia y la pasión conjuran imágenes relacionadas con la máxima de que sin sacrificio no hay beneficio, como esos atletas que marcan puntos decisivos con miembros rotos, creativos excéntricos que lo sacrifican todo por el arte mientras tiemblan en desvanes congelados o monjes que pasan décadas meditando en silencio. Pero la pasión y la perseverancia, como todas las cualidades emocionales, tienen grados. En un mundo de «todo o nada», tendemos a olvidar el poder del «algo». Los árboles más poderosos nacen de una vulnerable semilla. La semilla de la pasión es la curiosidad. La semilla de la perseverancia es la paciencia. Al diseñar tus objetivos estratégicamente, puedes empezar a cultivar tus oportunidades plantando tanto tu paciencia como tu curiosidad.

EN LA PRÁCTICA

CREA UNA COLECCIÓN DE OBJETIVOS

Nuestras ambiciones sufren a menudo el hecho de ser poco más que ideas y ensoñaciones abstractas que nos rondan por la cabeza: «Algún día...». Empecemos por plasmar nuestras ideas en papel para poder transformarlas en objetivos factibles.

Así que, si no lo has hecho ya, crea una colección de objetivos en tu Bullet Journal en la siguiente doble página en blanco que tengas. Grandes o pequeños, apúntalos ahí para tenerlos juntos y claros en un lugar reutilizable. Al hacerlo, ya habrás dado un primer e importante paso para hacerlos realidad.

Esta colección es como una especie de menú que contiene tus posibles futuros. Puede mantener tu concentración y motivación, pero incluso el mejor menú no sirve de nada si no pedimos. El siguiente paso es empezar a movilizarnos para pasar a la acción. De otro modo, es fácil acumular objetivos y esperar el momento adecuado para empezar. Un momento que no llegará nunca. Tenemos que crear nuestras propias oportunidades, porque la vida no espera.

EL EJERCICIO 5, 4, 3, 2, 1

Una gran forma de mantener la motivación es ser conscientes de lo limitado que es nuestro tiempo. El ejercicio 5, 4, 3, 2, 1 está diseñado para ayudarnos a contextualizar los objetivos en términos de tiempo. Esto cuantifica los objetivos dividiéndolos en objetivos a corto, medio y largo plazo. Si te cuesta abordar tus objetivos, pruébalo.

En primer lugar, ve a tu siguiente página doble en blanco. El tema de esta nueva colección será «5, 4, 3, 2, 1». Divide cada una de las páginas en cinco filas (página 165). La página de la izquierda es para los objetivos personales; la página de la derecha es para los profesionales. La primera casilla es para los objetivos que quieras haber cumplido dentro de 5 años. La siguiente casilla es para los objetivos que quieres haber cumplido dentro de 4 meses; la siguiente casilla es para los objetivos que quieres haber cumplido dentro de 3 semanas; la siguiente casilla es para los objetivos que quieres haber cumplido dentro de 2 días y la última casilla es para lo que pretendes cumplir en la próxima hora.

Ahora vuelve a la colección «Objetivos» y migra tus objetivos a las celdas que correspondan. No hace falta que todo encaje perfectamente, pero la idea es iniciar el proceso definiendo cuánto tiempo y energía (perseverancia y pasión) requieren tus objetivos, tanto individualmente como en su conjunto. Te dará el contexto que tanto necesitas.

5, 4, 3, 2, 1 —PERSONAL

5 AÑOS

OBJETIVOS A LARGO PLAZO

• Formar una familia
• Ser propietario
* • Hablar bien otro idioma

---

4 MESES

* • Viajar a Hawái
• Perder 5 kilos
• Visitar a Niclas

---

3 SEMANAS

OBJETIVOS A MEDIO PLAZO

• Donar ropa usada
• Hacer un voluntariado

---

2 DÍAS

• Limpiar el armario
• Limpiar la cocina
* • Renovar el permiso de conducir

---

1 HORA

• Limpiar el refrigerador
* • Llamar a mis padres
• Reservar para la cena de Leah

PRIORIZA TUS OBJETIVOS

Una vez hayas distribuido tus objetivos, considéralos uno a uno. ¿Vale la pena dedicar el tiempo indicado para lograrlos? Si la respuesta es no, táchalos. Prioriza los elementos restantes. ¿Cuáles se ajustan bien a tu experiencia? ¿Cuáles brillan más que los demás? Márcalos con la viñeta de prioridad «*».

Si estás implementando el ejercicio 5, 4, 3, 2, 1, puedes priorizar solo un objetivo por casilla (ver el apartado siguiente). Las páginas personales y profesionales deben priorizarse por separado, lo que nos dejaría con diez objetivos prioritarios en total.

Añade tus cuatro objetivos a corto plazo (los de las casillas de la hora y los días) a tu registro diario y márcalos como prioritarios con una viñeta «*». Cúmplelos en primer lugar para tomar inercia para afrontar los objetivos mayores. ¡Con eso habrás logrado cuatro de tus diez objetivos! El resto pasan a tener colecciones propias. Por ejemplo, «Viajar a Hawái» o «Hablar con fluidez otro idioma».

Si dudas a la hora de crear seis nuevas colecciones (tres personales, tres profesionales), a lo mejor esto indica que algunos de tus objetivos no son tan importantes como tú pensabas. No pasa nada, táchalos. No se trata de cuántos objetivos tienes, sino de trabajar en lo que de verdad importa.

CÉNTRATE EN TUS PRIORIDADES

Una vez tengas tus colecciones, tómate un momento para prometerte no volver a visitar tus colecciones «Objetivos» o «5, 4, 3, 2, 1» hasta que los que hayas elegido hayan sido completados o se hayan convertido en irrelevantes. Si eres una persona ambiciosa, una lista de posibles proyectos puede ser una fuente de distracción. La idea de empezar algo nuevo puede ser atractiva, especialmente si lo que estás realizando en estos momentos se te está haciendo largo. ¡Resiste la tentación! Vivir con intención consiste en concentrarse en lo que es más importante en el presente. Ten esto en cuenta cuando elijas tus objetivos: ¿qué quieres poner en tu vida ahora y, aún más importante, por qué?

Queremos trabajar en la menor cantidad de cosas posible. ¡¿Qué?! ¿No sería más eficaz hacer muchas cosas al mismo tiempo? No, queremos evitar eso en la medida de lo posible. ¿Por qué? Los estudios sugieren que aproximadamente solo un dos por ciento de la población esta psicológicamente preparada para hacer más de una cosa al mismo tiempo.[37] Los demás no hacemos muchas cosas al mismo tiempo, lo que hacemos son malabarismos. No estamos trabajando en distintas cosas simultáneamente; lo que estamos haciendo es pasar rápidamente de una tarea a otra esforzándonos para que no se nos caiga nada.

Cuando tienes que dejar una tarea inacabada y pasar rápidamente a otra cosa, dejas atrás una parte de tu atención, trabada en ese proyecto en el que estabas trabajando. La profesora y doctora de la Universidad de Minnesota Sophie Leroy lo denomina *atención residual*. Escribe que «las personas tienen que dejar de pensar en una tarea para poder desplazar su atención completamente y rendir bien en otra. Sin embargo, los resultados indican que a las personas les cuesta apartar su atención de una tarea inacabada y, en consecuencia, el rendimiento en la tarea siguiente se ve afectado».[38] En otras palabras, cuanto más fragmentes tu atención, menos concentrado estarás. Cuanto menos concentrado estés, menos avanzarás. Puede que sea el motivo por el cual sientes que no estás haciendo gran cosa a pesar de estar «muy ocupado».

Presta atención a tus prioridades principales. Utilízalas como una barrera para evitar que se filtren otras distracciones. Lleva a cabo tus tareas prioritarias de manera sistemática, centrando la mayor atención posible en cada cosa a la vez. Concede a tus metas la oportunidad que merecen de revelar sus lecciones centrándote en el proceso. Se dice que el proceso, más que la meta, es lo que resulta más valioso. El proceso constituye la mayor parte de la experiencia y, por lo tanto, proporciona el grueso de la información que te ayudará a crecer.

DIVIDE TUS OBJETIVOS EN ESPRINTS

Cuando era muy joven, lo único que quería hacer en esta vida era ser animador de *stop motion*. Crecí viendo una y otra vez sin descanso películas inspiradas en *Las mil y una noches* y los mitos griegos en las que aparecían criaturas fantásticas diseñadas por Ray Harryhausen. Eso, me dije a mí mismo, es lo que quiero hacer, sin ninguna duda... Hasta que lo hice.

Al final realicé un cortometraje en *stop motion* con un amigo. Salió razonablemente bien teniendo en cuenta que nuestro presupuesto se reducía a pizza congelada y algo de plastilina. Aprendí mucho trabajando en aquel proyecto, pero lo más importante que aprendí es que ese trabajo no me acabaría de satisfacer nunca. Es cierto que aquel descubrimiento me partió el corazón, pero también fue un alivio. Me liberó para explorar otras cosas. Ahora nunca miro atrás ni me pregunto qué habría pasado.

No todas las cosas que nos interesan están destinadas a ser nuestra ocupación. Esta es una buena lección que aprender, especialmente cuando eres joven. Es importante saber qué papel tienen en nuestra vida las cosas que nos interesan. No todas nuestras aficiones ni las cosas que nos interesan son una vocación, pero algunas sí. Lo descubrimos al probarlo durante algún tiempo antes de comprometernos más a fondo. Fíjate que yo probé lo de la animación *stop motion* de manera controlada, con un proyecto a corto plazo antes de lanzarme a un objetivo mayor y solicitar admisión en un curso de animación en una escuela de cine.

Dividir los objetivos a largo plazo en objetivos más pequeños e independientes puede convertir lo que podría parecer un maratón en una serie de esprints. Con los esprints cubrimos la misma distancia, pero en intervalos más cortos y manejables. Esta técnica es una variante algo adaptada de un método similar llamado Agile que se utiliza en el desarrollo de programas informáticos, pero es muy potente a la hora de abordar cualquier tipo de objetivo.[39] Incluso los objetivos más modestos acostumbran a poderse dividir en objetivos más pequeños capaces de encajar hasta en la vida de la persona más impaciente (yo soy de esos).

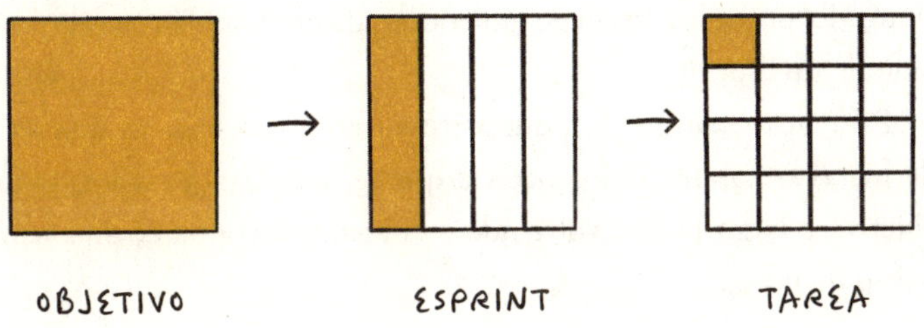

Dividir los objetivos en esprints reduce el riesgo de verse superado o de agotarse. Si no eres bueno cocinando, pero estás decidido a cambiar, no empieces sirviendo suflés a seis de tus amigos *gourmets*. Aunque salga bien, la presión puede convertir la experiencia en algo tan desagradable que te arriesgas a matar tu curiosidad por la cocina para siempre. La sensación de que algo es demasiado difícil puede eclipsar la curiosidad o la satisfacción. Empieza con un plato más pequeño y sencillo y a ver cómo te sientes.

¿En qué se diferencian los esprints de dividir un objetivo en fases? A diferencia de las fases, que no son fines en sí mismos, los esprints son proyectos independientes, por lo que su resultado es (o, al menos, eso esperamos) una fuente de satisfacción, información y motivación para seguir adelante (o, como sucedió con mi proyecto de *stop motion*, una buena pista para abandonar un determinado objetivo).

Un escritor y emprendedor, por ejemplo, sentía curiosidad por los podcast. Era algo sobre lo que no tenía mucha idea. En lugar de dedicar su vida a ello, decidió hacer seis capítulos con su amigo Kevin Rose. Aquel experimento se convirtió en *The Tim Ferriss Show*, el podcast de iTunes más rentable, con más de 200 episodios y más de 100 millones de descargas. Sirva esto para demostrar que no deberíamos subestimar el impacto potencial de proyectos pequeños y concretos. La primera versión de bulletjournal.com también fue el resultado de un esprint.

Para crear esprints, hay que estructurarlos con base en una serie de metas o habilidades concretas que se necesitan para lograr un objetivo a largo plazo. Volviendo a la analogía con la cocina, sería más o menos así:

OBJETIVO A LARGO PLAZO: APRENDER A COCINAR

Posibles esprints:

- Aprender a manejar el cuchillo
- Aprender a soasar y a sofreír [añadir tareas para otros métodos sobre la marcha]
- Aprender a distinguir qué verduras están frescas [añadir tareas para la fruta, la carne, las aves, etc.]
- Aprender a hacer huevos [establecer tareas relacionadas una a una: duros, revueltos, pasados por agua, tortilla]

CARACTERÍSTICAS DE LOS ESPRINTS

1. **No tener grandes barreras en la entrada** (que no haya nada que nos impida empezar). Por ejemplo, para aprender a manejar el cuchillo no tienes que comprar un juego de cuchillos caros de cocina. Solo necesitas un cuchillo de cocina básico que posiblemente ya tengas o que puedes adquirir con una inversión mínima.
2. **Que sean tareas claramente definidas y realizables.** Tu habilidad con el cuchillo puede dividirse en: sostenerlo correctamente, afilarlo, pelar, cortar en rebanadas, en cubos, picar, etc.
3. **Tener un periodo de tiempo corto y acotado para lograrlo** (deberías tardar menos de un mes en completarlo, idealmente, una o dos semanas). Solo con hacer una ensalada varios días a la semana y perfeccionar una receta sencilla de sopa de verduras deberías mejorar tu habilidad con el cuchillo rápidamente.

Seguir estas tres reglas hará que los esprints sean realizables, concretos y manejables. Cuando se estructuran correctamente, cuesta dar con una excusa válida para posponer un esprint. Si piensas que tardarás más de un mes en completar un esprint, divídelo en esprints más pequeños.

Lo importante es saciar tu curiosidad de manera segura y probar cosas sin perder tiempo.

LLUVIA DE IDEAS

Antes de dividir un objetivo tenemos que empaparnos de él. Ahora que ya has elegido tu objetivo y creado una colección para él en tu Bullet Journal, usa la primera página doble libre que tengas para hacer una lluvia de ideas de qués y de porqués. Profundiza y explora. Escribe todo lo que se te ocurra. Este pone tus engranajes en marcha. Supongamos que la página de lluvia de ideas para el objetivo «Aprender a cocinar» tiene este aspecto:

1. ¿Qué tiene este objetivo para haber despertado mi curiosidad?

   Siempre me he preguntado cómo pasan los alimentos de estar en la tienda a ser algo bonito y nutritivo sobre un plato. ¿Qué sucede exactamente?

2. ¿Qué me motivó a querer invertir mi tiempo y mi energía en esto?

   Gasto mucho dinero en comida preparada y a domicilio y sé que no es la forma más sana de comer. Últimamente he subido de peso y quiero vigilar las calorías que consumo.

3. ¿Qué estoy intentando conseguir?

   Aprendiendo a cocinar podré ahorrar dinero y comer de manera más sana, y espero perder algunos kilos. También quiero poder invitar a cenar a mis amigos o a alguna cita y no tener que preocuparme por arruinarla.

4. ¿Qué necesito?

   Aprender cosas básicas sobre preparación de alimentos, habilidades culinarias y recetas sencillas para mí y para compartir, como chili, sopas y hamburguesas.

5. ¿Cuál es mi definición de éxito para este objetivo?

   Gastar menos en comida a domicilio, llevar una dieta más sana y que vengan amigos a cenar a casa.

Cuando acabes con la lluvia de ideas, deberías tener una idea más clara de cuáles son los requisitos necesarios para tu objetivo: su alcance, sus hitos y por qué es importante para ti.

Ahora divídelo en esprints. Cada esprint puede tener su propia subcolección (página 114) en tu Bullet Journal. A continuación, tienes que volver a dividir aún más cada esprint en las tareas que lo conforman.

Una vez tengas una lista con tus tareas, empieza a pensar cuánto tiempo necesitas para cada esprint. Si alguna vez has tenido el privilegio de hacer reformas, te sonará este criterio: estima el tiempo necesario y multiplícalo por tres. El progreso es más importante que la velocidad. Si acabas algo antes de lo previsto, ¡fantástico! No tiene nada de malo acabar algo antes de lo esperado (siempre y cuando no te estés centrando en la velocidad). Lo que queremos evitar es quedarnos atrás. Esto decanta nuestra balanza de placer/sacrificio hacia el lado del sacrificio y hace que nos cueste más seguir adelante con el proceso. Si tienes tiempo, aprovéchalo. Si no, reduce el alcance de tu esprint.

Una vez has planificado tus esprints, fíjalos en el calendario que prefieras. Reserva un tiempo para dedicar a tus tareas. Ahora sabes cuándo empieza el proyecto, cuánto te llevará, cuándo trabajar en él y cuándo acaba.

Cuanto más tardes en completar un objetivo, más alta será la factura que le pasará esto a tu motivación. Cuando la motivación se acaba, el objetivo tiende a desmoronarse. Los proyectos por esprints te ayudarán a reducir la carga para que puedas disfrutar de la satisfacción de ver progresos regulares. Cómo te sientas en relación con un proyecto es vital para su éxito, especialmente cuando es personal y no tienes un equipo o un jefe que te ayuden a estar concentrado. El progreso proporciona inercia. La inercia ayuda a cultivar la paciencia.

MODELO TRADICIONAL/POR FASES

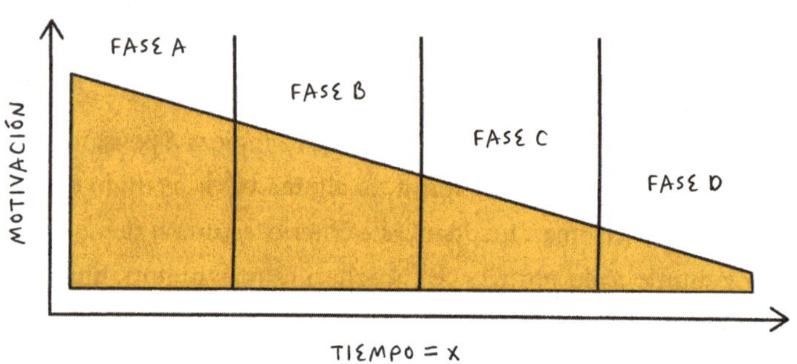

MODELO POR ESPRINTS

ESPRINT 1
ESPRINT 2
ESPRINT 3
ESPRINT 4
MOTIVACIÓN
TIEMPO = X

Un escritor que vive en Suecia, Olov Wimark, cree que una de las razones por las que cayó en una depresión es porque tenía la sensación de que su lista de tareas nunca disminuía. Usaba una aplicación que borraba las tareas cuando las tachaba de su lista. El cambio llegó cuando se le estropeó la computadora y empezó a usar una vieja máquina de escribir. «Descubrí que no me culpabilizaba tanto cuando hacía un error tipográfico. Como no podía cambiar lo que ya había escrito, tenía que conformarme o volver a escribir toda la página. Las palabras empezaron a fluir de verdad. Y, mira, cuando llegaba la noche, tenía un montón de trabajo hecho en una pila al lado de la máquina de escribir. Empecé a sentirme satisfecho con mis logros otra vez.» Del mismo modo, dice: «El Bullet Journal es muy tangible. El progreso se ve y el análisis es continuo, cada vez que lo abres para hacer una nueva anotación». Llenó una vieja pluma con tinta azul grisácea y se entregó de pleno a su Bullet Journal. «Todo lo que tenía empezado en mi antiguo sistema fue transferido, planificado, procesado o, sencillamente, ignorado.»

Dividir grandes objetivos en esprints también sirve para minimizar los daños. Puede que un esprint no funcione. Te das cuenta de que no es para ti o te encuentras con información o con una situación que te hace frenar en seco. Si has planificado bien el esprint, frenarlo no te desviará de los esprints relacionados. Lo peor que puede pasar es que tengas que alterar un poco tus planes.

Tengan éxito o no, los esprints te proporcionan un espacio de reflexión. Además de tu reflexión diaria (página 144), que puedes aplicar a tus proyectos y no solo a tu registro diario, después de cada esprint tienes una oportunidad de detenerte y reflexionar sobre tu experiencia hasta el momento. Por ejemplo:

1. *¿Qué estoy aprendiendo sobre mis fortalezas y debilidades?*
2. *¿Qué está funcionando y qué no?*

3. *¿Qué podría hacer un poco mejor la próxima vez?*
4. *¿Qué valor he añadido a mi vida?*

A lo mejor descubres que necesitas refinar tu objetivo principal después de lo que has aprendido en el camino. ¡Eso es genial! Supongamos que descubres que solo quieres hacer cocina italiana, o que solo quieres cocinar para grupos grandes, o que te interesa mucho más cultivar comida que cocinarla. Sea cual sea el caso, descubrir estas cosas te ayudará a sintonizar con tu objetivo, te permitirá dedicarle tiempo y energía de manera más efectiva. Las correcciones de rumbo solo significan que has descubierto algo con mucho más sentido, y eso es lo importante. Limítate a volver a aplicar las lecciones que has aprendido en el último esprint al próximo. Este ciclo que se autoperpetúa te permite crecer continuamente a medida que te concentras en lo importante.

PEQUEÑOS PASOS

Tenía tres amigas que poseían tres cosas en común: un trabajo de oficina que las mataba por dentro, la pasión por el yoga y, en un determinado momento, una cuenta de Instagram totalmente idílica. Ya sabes: fotos de playas de arena blanca inmaculada con imponentes palmeras y aguas cristalinas. Un sinfín de imágenes de gente guapa riendo con cocteles en cocos y sentada alrededor de hogueras en la playa.

La primera, la vamos a llamar Karen, dejó el trabajo, lo vendió todo y se fue a Costa Rica para ser instructora de yoga. Un año después volvía a estar en la mesa de su oficina. ¿Por qué? Dijo que no disfrutaba enseñando yoga a turistas maleducados en un resort. Ella quería viajar por el mundo y empaparse de la cultura local. No se le ocurrió que los lugareños no se podían permitir pagarle para que les enseñara yoga ni que tener que trabajar durante el viaje le restaría mucho placer. Era la misma rutina, con mejor clima, pero muy lejos de sus seres queridos.

La segunda, la vamos a llamar Rachel, también dejó su trabajo y aceptó otro como instructora de yoga en un resort de ensueño en la playa. Poco más de un año después, volvía a ser oficinista. ¿Su motivo? Se dio cuenta de que, para ella, enseñar yoga le quitaba toda la diversión. Lo que había sido su amado refugio se había convertido en un trabajo, uno físicamente mucho más extenuante.

La última, la vamos a llamar Leigh, dejó su trabajo en la oficina hace una década y nunca se ha arrepentido. Enseña yoga en todo el mundo. ¿Por qué su experiencia es distinta? Porque empezó poco a poco. Empezó dando solo una clase los fines de semana sin dejar su trabajo en la oficina. Como le gustaba viajar, empleó sus vacaciones para probar a dar clases una semana o dos en distintos resorts. No le convenció. No perdió nada, pero ganó conocimiento. Después, probó a ser profesora invitada en retiros. Bingo. Le encantaron los retiros. Eran íntimos, divertidos y lo bastante rentables. La experiencia también le dio ideas para mejorar el modelo de los retiros. Empezó a organizar sus propios retiros locales. A medida que crecieron, los desplazó a lugares más tropicales. Y así fue la cosa. En lugar de desenraizar su vida, Leigh tomó un camino sistemático para alcanzar su objetivo. Se aproximó al cambio con paciencia y curiosidad, eligiendo gradualmente una pieza del rompecabezas cada vez. Ese método inquisitivo pero metódico le permitió en última instancia hacer una transición con éxito y llevar otro tipo de vida.

El cambio es muy importante para la productividad y el crecimiento personal, profesional o de cualquier tipo. Puede ser una forma muy potente de alterar nuestras circunstancias, pero nos puede salir el tiro por la culata. Los grandes cambios disparan nuestro miedo. Cuanto más asustados estamos, más necesitamos calmarnos. Muchos grandes gestos o acciones productivas han tenido como resultado una cantidad igual o superior de inactividad. Los picos en los que creemos que todo es posible van acompañados de valles de sombras donde creemos que a lo mejor nada lo es.

Entonces, ¿cómo hacemos cambios para que sean sostenibles, pero sin estresarnos? En Japón existe el concepto *kaizen*. *Kai* se traduce más o menos como «cambio» y *zen* como «bueno», por lo tanto, «cambio bueno». Otra traducción, más explicativa, sería «mejora continua».

A diferencia de en Occidente, donde la «disrupción» es nuestra forma favorita de progreso, el *kaizen* se centra en destacar las oportunidades de mejorar de manera gradual. Es una manera de resolver problemas que adopta la forma de pequeñas preguntas como: ¿Qué detalle podemos cambiar para mejorar la situación? ¿Qué podría hacerse mejor la próxima vez? Esta es una forma potente de descubrir mejoras asumibles, lo que hace mucho más sencillo disfrutar de un progreso continuo.

Aunque el *kaizen* surgió como un método de mejorar la calidad y la cultura corporativa de la industria automovilística japonesa, su aplicación es universal. Cuando lo aplicamos a nuestra vida cotidiana, el *kaizen* puede ser un magnífico agente de cambio. Al centrar nuestra atención en las cosas pequeñas, podemos realizar cambios reales sin agobiarnos. Lo único que tenemos que hacer es solucionar un problema pequeño cada vez. Cada solución se construye sobre lo que ha venido antes y, por lo tanto, estos pequeños pasos se suman rápidamente y generan grandes cambios con el tiempo.

EN LA PRÁCTICA

HAZ PEQUEÑAS PREGUNTAS

En el capítulo de objetivos (página 161) hemos hablado sobre cómo alcanzar tus objetivos dividiéndolos en esprints más pequeños e independientes. Ahora, toma estos esprints y divídelos en pasos realizables o tareas.

Crea tus tareas siguiendo tu curiosidad en lugar de dándote órdenes o ultimátums. Es la diferencia entre «¡Adelgaza!» y «¿Qué elemento no saludable puedo eliminar de mi dieta?».

Nuestras mentes responden bien a las preguntas porque somos solucionadores. Puedes despertar tu curiosidad haciéndote preguntas que disparen tu imaginación.

— *¿Qué quiero hacer?*
— *¿Por qué quiero hacerlo?*
— *¿Qué cosa pequeña puedo hacer ahora mismo para empezar?*

Procurar que las preguntas sean sencillas ayuda a que las tareas resultantes sean manejables. Cuanto más dura sea la tarea, más esfuerzo requerirá y más probable es que la abandones. Haz que las tareas requieran el menor esfuerzo posible.

También puedes aplicar esta técnica si llegas a un punto muerto en tu proyecto. Incluso si te ves retenido por algo o alguien, existe la posibilidad de que haya alguna acción que puedas hacer para mantener el proyecto en movimiento. Pregúntate cosas como:

— *¿Qué pequeño paso puedo dar ahora para avanzar?*
— *¿Qué puedo mejorar ahora?*

Puede ser algo tan sencillo como buscar información relevante en internet, hacer unas cuantas preguntas a amigos o colegas que sepan del tema, recalibrar tus esprints o escribir una entrada larga en tu libreta sobre lo que has aprendido hasta ahora. Ponerse el reto de encontrar oportunidades para la mejora incremental normalmente abre un camino hacia delante. Es una manera sencilla de entrenarse para ser más proactivo.

La aplicación más potente de esta técnica es la resolución de problemas. El método Bullet Journal no nació en su forma final. Fue encajando poco a poco, solucionando un reto cada vez. Con los años, la mayoría de las soluciones que probé no funcionó. Sin embargo, jamás definiría esos intentos como fracasos. Cada intento que no dio en la diana me enseñó algo nuevo, que, en última instancia, condujo a una solución mejor. En palabras de Aleksandr Solzhenitsyn: «Los errores son grandes maestros cuando somos lo bastante sinceros para admitirlos y estamos dispuestos a aprender de ellos».

Cuando revises cualquier tema, toma algo de distancia y empieza a tantearlo haciendo pequeñas preguntas como:

— *¿Qué no funcionó exactamente?*
— *¿Por qué no funcionó?*
— *¿Qué cosa pequeña puedo hacer para mejorar la próxima vez?*

Sean cuales sean los obstáculos o retos a los que te enfrentes en el camino, recíbelos con curiosidad. Acéptalos y examínalos haciendo pequeñas preguntas. Que el miedo, el orgullo o la impaciencia no te priven de la oportunidad de preguntar. Como dijo Carl Sagan: «Hay preguntas ingenuas, preguntas tediosas, preguntas mal formuladas, preguntas surgidas de una autocrítica inadecuada. Pero todas las preguntas son deseos de entender el mundo. Las preguntas tontas no existen».[40]

ITERACIÓN

Una vez tenemos las respuestas, necesitamos repasarlas, porque a menudo estarán equivocadas. No pasa nada. Es simplemente una parte del proceso de encontrar una solución. Dicen que Thomas Edison dijo una vez en broma: «No fracasé, solo encontré 10 000 maneras de que no funcione». Los fracasos tienen utilidad y podemos sacarles provecho. Cuando los asumimos como un mecanismo de aprendizaje, pueden ayudarnos a crecer. En lugar de entender el fracaso como un final, deberíamos redefinirlo como una parte esencial del proceso creativo, el precursor inevitable del éxito. Por ejemplo, sir James Dyson, el inventor de la aspiradora Dyson, probó 5 126 prototipos para obtener los resultados que quería. Ahora, su empresa está valorada en 4 000 millones de dólares.[41]

Edison, Dyson y muchos otros honran sus fracasos aplicando activamente las lecciones aprendidas. El «fracaso» les permitió redefinir sus ideas una y otra vez hasta alcanzar una solución que funcionara. Esto se conoce como *ciclo de iteración*, que es lo que alimenta el *kaizen*.

La iteración parece más complicada de lo que es. Una vez te planteas una pequeña pregunta como *¿qué pequeña cosa puedo cambiar para mejorar?*, empiezas un proceso llamado *el ciclo de Deming*, por W. Edwards Deming, el padre del *kaizen*.[42] El ciclo Deming nos proporciona un marco de cuatro pasos para la mejora continua: «Planificar ⟶ Hacer ⟶ Comprobar ⟶ Actuar en consecuencia». Veamos cada uno de los pasos.

1. **Planificar:** reconocer una oportunidad y planificar un cambio.
2. **Hacer:** poner en marcha el plan y poner a prueba los cambios.
3. **Comprobar:** analizar los resultados de las pruebas e identificar lo que hemos aprendido.
4. **Actuar en consecuencia:** actuar en consecuencia con lo que hemos aprendido. Si el cambio no funcionó, repetir el ciclo con otro plan. Si fue un éxito, incorporar lo aprendido para planificar nuevas mejoras. Aclarar y repetir.

Ahora veamos cómo se puede implementar esto en el Bullet Journal. Cada día puede verse como un ciclo de iteración. La forma más directa es planificar durante la reflexión matutina (página 146), hacer durante el día, comprobar y actuar en consecuencia durante la reflexión vespertina.

HORARIO DEL DÍA

Hora	Bloque	
7	Reflexión matutina	Planea
8		
9	Prioridades	
10		
11		
12		
1	Comida	
2	Tareas	Haz
3		
4		
5		
6		
7	Cena	
8	Prioridades personales	
9		
10		
11	Reflexión vespertina	Comprueba Actúa
12		

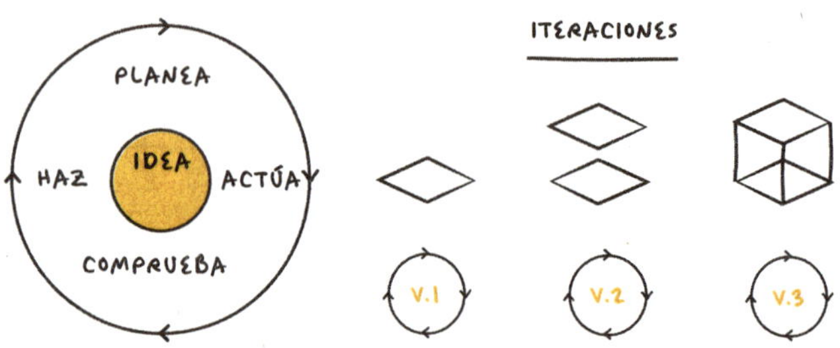

Como pasa siempre con el Bullet Journal, esta no es la única aplicación posible. Puedes hacer ciclos de iteración cuando quieras: a diario, semanales, incluso durante la migración mensual (página 120). Lo importante es que se convierta en una práctica regular.

La productividad es, en gran parte, una cuestión de constancia. Una vez te sacas de la cabeza la idea de que tienes que trabajar a velocidad vertiginosa, te puedes concentrar en el proceso. A falta de fuerza de voluntad sobrehumana, es la única manera de persistir.

DÍAS MEJORES

Todo esto puede parecer mucho trabajo, especialmente si te sientes bajo de fuerzas, encallado o superado. Te dices que no tienes el dinero, ni la energía, ni el tiempo, ni la voluntad para ir a por tus objetivos profesionales, por no hablar de los personales. Que estos pensamientos sean reales no los hace verdaderos. Incluso en el punto más bajo, puedes elegir.

Puedes elegir concentrarte en todas las razones por las que no puedes o puedes buscar algún otro caminito por el que sí puedas. Si no estás contento con tu vida, pregúntate: ¿qué pequeña cosa puedo hacer mañana que hará que mi vida sea un poco mejor? A lo mejor es llamar por teléfono a un amigo, salir de casa unos minutos antes para ir por el camino bonito en un día soleado o vaciar la silla que no ves porque está llena de ropa. De nuevo, buscamos cualquier victoria, por pequeña que sea. Pon el listón tan bajo que puedas hacerlo y regístralo como una tarea en el Bullet Journal.

Hazte la misma pregunta al día siguiente. Encuentra algo, cualquier cosa, que mejore un poco tu vida. Puedes ponerte en contacto con aquel amigo cuyo nombre surgió en aquella llamada ayer o tomarte un café en aquel sitio tan moderno que descubriste de camino al trabajo por la ruta bonita u ordenar un cajón del armario.

Sigue haciendo esto cada día durante un mes y haz un seguimiento en el Bullet Journal. Antes de que te des cuenta, habrás reconectado con gente que te importa, descubierto nuevos e interesantes sitios y te gustará volver a una casa que está menos desordenada. Habrás reducido ese espacio entre donde estás y donde quieres estar. Así es como las pequeñas acciones inspiradas por pequeñas preguntas pueden tener un impacto positivo exponencial en tu vida. Pregunta a pregunta, tarea a tarea, estás cultivando un camino sostenible de mejora continua y cambios buenos, paso a paso.

28 COSAS MEJORES

			22	23	24	25	26	27	28	Semana 4
		15	16	17	18	19	20	21		Semana 3
	8	9	10	11	12	13	14			Semana 2
1	2	3	4	5	6	7				Semana 1

TIEMPO

Al final, lo que cuenta no son los años de tu vida, sino la vida de tus años.

ABRAHAM LINCOLN

Cuando le pedían que describiera su teoría de la relatividad, Einstein (por suerte) la parafraseaba así: «Cuando un hombre está con una mujer hermosa durante una hora, le parece un minuto. Pero si se sienta sobre una estufa caliente durante un minuto, le parecerá una hora. Eso es la relatividad».[43] En otras palabras, nuestra percepción del tiempo cambia en relación con lo que estemos haciendo.

Piensa, sencillamente, en lo distinta que es nuestra percepción del tiempo ahora en comparación a cuando éramos pequeños. Entonces un trayecto en coche de una hora se nos hacía eterno. ¿Cuánto falta? Cuanto más mayores nos hacemos, menos sensibles somos al paso del tiempo y menos nos preocupamos por cómo lo pasamos. Fecha límite tras fecha límite, objetivo tras objetivo, el tiempo avanza a toda velocidad, especialmente cuando estamos ocupados. Como nuestra vivencia del tiempo es tan relativa, es fácil olvidar que es un recurso finito. Antes de darnos cuenta, nos quedamos sin tiempo.

La cruda realidad es que no podemos «crear tiempo», solo podemos «tomarnos tiempo».

Pero, aunque no podemos crear tiempo, sí podemos incrementar la calidad del que nos tomamos.

Medir la calidad del tiempo no es una ciencia exacta, pero un indicador clave es el impacto. ¿Cuántas veces te has pasado el día sentado en tu mesa y has sentido que habías hecho muy poca cosa? Del mismo modo, a veces te sientas unas cuantas horas y sacas adelante el equivalente a unos cuantos días de trabajo. Tiene muy poco que ver con la cantidad de tiempo que tenías; tiene que ver con cuánta atención pudiste poner en el momento presente. Dominar tu atención puede ser difícil porque nuestras mentes son viajeras temporales incompetentes. Tendemos a perdernos tanto en el pasado como en el futuro. ¿Cuán a menudo nos descubrimos fijándonos en cosas que no podemos cambiar o preocupándonos por cosas que no podemos predecir? Eso es mucho tiempo y energía que se escapa del único lugar en el que podemos realmente marcar una diferencia: aquí y ahora.

La calidad de nuestro tiempo está determinada por nuestra capacidad para estar presentes.

Nuestra atención se mueve entre dos polos. En uno, están las cosas que ahuyentan nuestra curiosidad, como ir a renovar la licencia de conducir. En el otro, encontramos un estado al que solemos referirnos como «flujo». Ahí estamos más presentes y podemos producir el mayor impacto.

Mihaly Csikszentmihalyi, el doctor en psicología húngaro que acuñó el término, dedicó su carrera a estudiar qué hace feliz a la gente. Durante su investigación entrevistó a creativos de todos los campos, desde pintores a poetas, pasando por científicos. Todos describieron un estado ideal en el que su trabajo parecía cobrar vida propia. Algunos lo describían como extático. La raíz de la palabra *éxtasis* procede del griego *ekstasis*, que significa «estar fuera de uno mismo». Csikszentmihalyi sugiere que esta sensación es el resultado de una mente tan ocupada con una tarea que no puede procesar conscientemente la experiencia del yo.[44] Fluimos cuando estamos completamente dedicados a algo. Es en ese momento, cuando estamos totalmente presentes, cuando desbloqueamos todo nuestro potencial productivo y creativo. Entonces, ¿es posible crear ese flujo? El flujo, como la felicidad, es algo que no se puede forzar. Pero, si somos estratégicos en nuestro uso del tiempo, podemos crear las condiciones para que sea más sencillo que se dé el flujo.

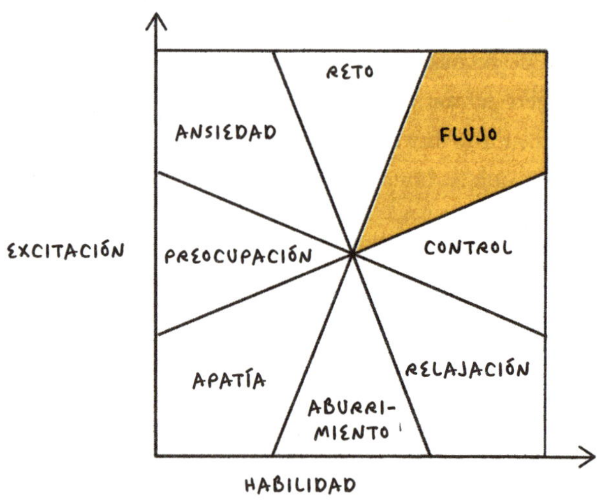

basado en la obra del doctor Mihaly Csikszentmihalyi

EN LA PRÁCTICA

PARCELAR EL TIEMPO

Da igual con cuánta intención vivas tu vida, seguro que tienes algunas obligaciones que no te resultan necesariamente agradables, pero que no puedes eludir. Todos las tenemos. Algunas pueden ser difíciles, lo que nos asusta (tener esa conversación a corazón abierto con tu pareja, pedirle un aumento a tu jefe, hacer una gran presentación). Otras pueden parecer fáciles, lo que nos aburre (limpiar la casa, pagar facturas, hacer trabajo rutinario). Tendemos a posponer estos dos tipos de actividades al máximo. Por supuesto, estas no desaparecen; hacen tic tac en nuestra lista de tareas como bombas de relojería. Cuanto más las posponemos, más prioritarias resultan. Así es como algo tan nimio como pagar facturas se convierte en una emergencia que nos asalta, nos roba el tiempo y la energía, nos hace pagar recargos y acaba generando una angustia financiera que nos explota en la cara.

Podemos desactivar estas obligaciones parcelando el tiempo. Tal y como sugiere el nombre, parcelar el tiempo aísla una actividad determinada en una cantidad concreta de tiempo. Esta técnica está diseñada para que dediques toda tu atención a algo permitiéndote que solo te concentres en eso durante un periodo de tiempo predefinido.

Parcelar el tiempo añade dos ingredientes motivacionales claves a una tarea que has estado posponiendo: estructura y urgencia.

Si solo tienes 30 minutos al día para leer algo de lo que tendrás que examinarte, asegúrate de que esos 30 minutos cuenten. Lo conviertes en algo lo suficientemente indoloro para calmar tu impaciencia («Esto no será eterno, ¡gracias a Dios!»), lo suficientemente sencillo para que no te veas superado («¡Puedo hacerlo!») y en un reto lo suficientemente grande como para captar tu atención («De acuerdo, tengo 30 minutos para meterme a fondo en esto. Cerebro, lo tenemos controlado. ¡Vamos!»).

Digamos que tienes que hacer tu declaración de la renta dentro de un mes. En lugar de esperar hasta el último minuto y descubrir que hay un montón de cosas que no has tenido en cuenta y estresarte, divídelo en parcelas de tiempo programadas. Por ejemplo:

— Sesiones 1-2: Do. 20.30-21.00. Recopilar todo el material.
— Sesiones 3-6: Lu., mi. y do. 20.30-21.00. Introducir los datos en una hoja de cálculo.
— Sesión 7: Ma. 20.30-21.00. Rellenar los impresos y entregarlos.
— Sesión 8: Ju. (último día) 20.30-21.00. Proporcionar información adicional si la piden.

La clave para crear flujo consiste en equilibrar el reto que supone la tarea con nuestro nivel de habilidad. Si no tenemos las habilidades para una determinada tarea, entonces esa tarea puede rápidamente provocarnos ansiedad y agobiarnos. Las parcelas de tiempo nos permiten reducir una tarea y mejorar de forma gradual nuestras habilidades en el proceso. Con el tiempo, esto puede disminuir el reto que supone. Por otro lado, si una tarea no requiere casi esfuerzo, nuestra capacidad para implicarnos en ella es muy baja. En este contexto, la parcelación de tiempo puede usarse para incrementar el reto porque genera cierta sensación de urgencia.

PROGRAMAR: NO LO POSPONGAS, ANTEPONLO

Nuestra capacidad de atención se consume a lo largo del día. Cuándo hacemos algo tiene un gran impacto en qué tan bien lo hacemos. Si hay algo que estamos posponiendo, entonces, habremos identificado lo que tenemos que hacer. La procrastinación indica que seguramente es la tarea que supone el reto más importante de toda tu lista, porque o bien te preocupa o bien no te interesa. Anteponla.

Entiendo perfectamente que no quieras empezar el día con algo que ni te emociona ni te motiva. Más razón todavía para quitártelo de en medio. Es la piedra en el zapato. Sácala antes de que se convierta en un problema de verdad. Encarar el día con lo fácil es una forma de procrastinación. Quitar de en medio las tareas más molestas en primer lugar hace que el resto del día parezca más sencillo. Como cuando corres con peso y, al quitártelo, te sientes al momento más ligero y fuerte.

Otra ventaja de esta jerarquía inversa de tareas es que avanzas hacia las cosas que más te interesan. Es mucho más sencillo mantener la concentración y la motivación a lo largo del día cuando tienes algo que esperar. Dicho esto, todos tenemos distintos biorritmos. Algunas personas brillan más por la noche. El truco es descubrir cuándo estás más concentrado y productivo y planificar según esto.

MEMENTO MORI

Hacía un año que no hablaba con mi abuelo. Sabía que estaba mal de salud, así que escribí «Llamar al abuelo» en mi Bullet Journal. Pero antes de que yo llegara a ese punto, él ya no estaba. La mayoría de la gente que conozco tiene una historia similar, un reproche similar. La muerte proporciona el recordatorio más potente del valor del tiempo.

Los romanos tenían una frase, *memento mori*, que puede traducirse como «recuerda que morirás». La leyenda dice que, cuando los generales regresaban victoriosos de la batalla y hacían un desfile por las calles, tenían a un criado que les susurraba esta frase al oído una y otra vez, para que conservaran la humildad y la concentración.

Que todo lo que vive debe morir es una de las pocas verdades absolutas que conocemos. Aun así, en Occidente tendemos a demonizar la impermanencia. La muerte se antropomorfiza con capucha y guadaña, un enemigo fantasmal que se esconde en las sombras a la espera de robárnoslo todo. Es una idea terrorífica que hace que nuestra relación con lo inevitable esté muy sesgada. No tiene por qué ser así. Asumir la realidad de la impermanencia puede enriquecer mucho el tiempo que nos ha sido otorgado.

Piensa en tu comida favorita. Por ejemplo, la pizza. Imagina que un día te dicen que solo podrás disfrutar de ella ochenta y siete veces más en toda tu vida. ¿Eso haría que dejara de gustarte, que la evitaras o que odiaras comerla? ¿La convertiría en deprimente? No, seguramente todo lo contrario. El simple hecho de saber que algo es limitado aumenta nuestra capacidad de experimentarlo, de estar presentes, de saborear cada bocado con un aprecio que habría sido inalcanzable antes.

Recordarnos con regularidad que moriremos y que también lo harán nuestro colega insoportable, nuestra mascota, nuestro amante, nuestros hermanos o nuestros padres puede mejorar en lo fundamental la naturaleza de todas nuestras interacciones. Puede hacernos más empáticos, más pacientes, más generosos, más propensos a perdonar y más agradecidos. Y, sobre todo, puede mejorar la calidad de nuestro tiempo ayudándonos a estar más presentes.

Marco Aurelio, emperador de Roma y filósofo estoico, dijo una vez: «Podrías irte ahora mismo. Deja que eso determine lo que haces, dices y piensas».[45] ¿Cómo cambiaría tu vida si de verdad actuaras siguiendo esos principios? ¿Seguiría todo igual? ¿Qué harías diferente?

¿Qué dirías diferente? ¿El solo hecho de pensar en estos términos aclara las cosas o aporta una nueva perspectiva? La auténtica pregunta es: ¿por qué no actuamos ya así? Después de todo, esta es la realidad que habitamos.

No siempre podemos controlar lo que el destino nos deja en el regazo. En los momentos en los que podemos elegir, debemos estar atentos a lo que dejamos entrar en nuestros días, porque no tenemos vida que malgastar. Durante la migración, nos preguntamos qué es vital y qué importa para ayudarnos a filtrar las distracciones de nuestras vidas. A veces son preguntas difíciles de responder. Añadir esta lente de impermanencia a nuestra reflexión puede proporcionar claridad al recordarnos lo que está en juego. Recordamos la muerte para no olvidar aprovechar al máximo el tiempo que estamos vivos.

GRATITUD

La vida es tan sutil que, a veces, apenas nos damos cuenta de que estamos cruzando puertas que habíamos rogado que se abrieran.

BRIANNA WIEST

Hay una escena de la serie de David Lynch *Twin Peaks* en la que el agente especial Dale Cooper y el agente Harry S. Truman entran en la pintoresca cafetería Double R. Al entrar, el agente Cooper golpea suavemente al agente Truman en el pecho sonriendo y le dice: «Te voy a contar un secreto. Cada día, una vez al día, hazte un regalo».

¿Cuál es ese regalo? Dos tazas de «buen café solo, caliente».

Esta escena tiene algo profundamente conmovedor. En un mundo lyncheano extraño, violento y de una cordura dudosa, Cooper encuentra una manera de inyectar algo de despreocupación a su vida.

Se está quedando con lo bueno. A él le encanta esa cafetería, le encanta ese café y se está regalando un momento para disfrutarlo y apreciarlo. Aunque él dice que este ritual es un secreto, yo diría que es una habilidad poco valorada que está al alcance de todos.

La tradición meditativa del *mindfulness* nos enseña a centrar nuestra atención en el momento presente. Ya sea lavar los platos, lavarse los dientes o hacer cola para pagar, estamos totalmente ahí, cultivando nuestra habilidad para estar presentes. Una idea errónea habitual al respecto de la meditación es que consiste en librarse de los pensamientos. El *mindfulness* lo que hace es distanciarnos de ellos. Una buena metáfora que compartió conmigo uno de mis maestros fue que, si los pensamientos fueran coches, la meditación nos ayudaría a situarnos en el acotamiento en lugar de en mitad del atasco.

Es tan fácil quedarse atrapado en el tráfico de nuestra vida que podemos pasar de largo incluso de los momentos más importantes. Un ejemplo muy llamativo es nuestra fijación por los logros. Si los logros son la medida de la productividad, entonces ¿en qué se miden los logros? En otras palabras, ¿para qué sirven los logros? ¿Para prosperar? ¿Para crecer? Puede ser, pero solo si nos tomamos el tiempo de examinar el impacto de nuestros esfuerzos. Que vayas a toda velocidad no significa que estés yendo en la dirección correcta.

La próxima vez que marques como hecha una tarea en tu BuJo, frena un poco. Tómate un momento para hacer una pausa y reflexionar sobre el impacto de tu logro. ¿Cómo te sientes? Si, por casualidad, no sientes nada (o nada excepto alivio), entonces es posible que la cosa por la que te estás esforzando con tanta diligencia no esté añadiendo mucho valor a tu vida. Esa es una realidad importante que hay que saber reconocer. Si, en cambio, sientes un mínimo de alegría, orgullo, gratitud o realización, entonces puede que tengas algo importante entre manos. Date un momento para valorar tu logro y reconocerlo, porque está intentando decirte algo. Después de todo, si no puedes apreciar tus logros, ¡¿qué sentido tiene todo?!

Tus logros tienen el poder de alimentarte y guiarte, pero, para que eso suceda, tienes que tomarte un momento para mostrar gratitud por ellos.

EN LA PRÁCTICA

CELEBRACIÓN

Tu Bullet Journal contiene una lista de tus tareas. Una vez completada, cada tarea se convierte en un logro. Cuando marques algo como completado, tienes la oportunidad de reconocer ese logro. Si su impacto es remotamente positivo, ¡celébralo! Si es una gran victoria, como alcanzar un hito o un objetivo a largo plazo, planea una gran celebración, idealmente con todos los implicados o con quienes se alegran de tu victoria. Si es un logro mediano, puedes llamar a un amigo o salir del trabajo un poco antes de lo normal. Si es un logro pequeño, ¡sonríe! Chasquea los dedos. Aprieta el puño con orgullo. Exclama: «¡Hecho!». Disfruta del subidón de dopamina. Celebrar tus victorias no solo consiste en darte golpecitos en el hombro; te entrena para identificar momentos positivos, lo que te permite descubrir (y disfrutar) otros.

Celebrar las pequeñas victorias puede generar increíbles mejoras en tu actitud y autopercepción. Tendemos a rumiar las cosas que nos han salido mal, sin tener en cuenta o sin saber todo lo que hacemos bien. Al celebrar nuestros logros, nos estamos obligando a reconocer nuestras capacidades y a ver las pruebas de que podemos contribuir. Cambia nuestra actitud del «¿cómo voy a poder hacer yo todo esto?» al «¡mira todo lo que he hecho! Lo tengo dominado». El miedo al fracaso encuentra menos espacio en nuestra mente. Esto no es autocomplacencia. Es una manera consciente de generar inercia, optimismo y resiliencia. Una forma simple, pero llena de sentido para empezar a celebrar los logros es anotarlos. Ponerlos por escrito hace que nos paremos y honremos un buen momento con nuestra atención. En el Bullet Journal puedes hacerlo registrando actividades por las que estás agradecido en el registro diario, en el calendario mensual o en un registro de gratitud.

PRÁCTICA DE GRATITUD

Hay estudios que muestran que necesitamos cinco halagos para contrarrestar cada comentario negativo que recibimos. Eso es porque recordamos los sucesos negativos con más intensidad que los positivos. Introducir una práctica de gratitud, un sencillo proceso de evaluación habitual de las cosas por las que estamos agradecidos, es una buena manera de contrarrestar nuestro sesgo negativo gracias a la toma de consciencia de las cosas positivas de nuestra vida.[46]

Se ha demostrado que hacer prácticas de gratitud mejora las relaciones, la salud física y mental, la empatía, la autoestima, reduce la agresividad... Y la lista sigue.[47] Me gusta pensar que es una conversación continua que ayuda a que la vida siga siendo productiva. Con eso en mente, vamos a ver dos sencillos ejemplos de cómo incorporar una práctica de gratitud en el Bullet Journal.

1. En tu registro diario (página 99), durante tu reflexión vespertina (página 146), escribe más de una cosa por la que sientas gratitud. Intenta hacerlo todos los días.
2. Crea una colección titulada «Gratitud» (y recuerda añadirla a tu índice). De nuevo, escribe más de una cosa por la que sientas gratitud. Intenta hacerlo todos los días. Si te apetece, puedes incluso dar rienda suelta a tu creatividad a la hora de capturar tus momentos favoritos (página 22).

Seguramente verás cómo se te acaban pronto las cosas obvias por las que estar agradecido, como la salud, tu casa, tu familia, tus amigos, tus perros, etc. El truco es evitar volver a poner cosas que ya estén en la lista. Ahí es cuando la cosa se pone interesante. Cuando agotamos nuestras respuestas estándar es cuando empezamos a indagar en nuestra experiencia diaria en busca de material. Esto nos ayuda a estar más presentes. Si examinamos activamente nuestra experiencia para encontrar lo bueno, mejoramos a la hora de localizarlo y apreciarlo. Aprendemos que, parafraseando al monje benedictino David Steindl-Rast, no puedes sentir gratitud por todo, pero puedes estar agradecido en cada momento.[48]

Incluso en los días en los que las cosas no han avanzado demasiado, tu práctica de gratitud te ayudará a encontrar cosas que apreciar, ya sea un compañero de trabajo que te haya ayudado, un extraño que te haya abierto la puerta, una comida que hayas saboreado o un sitio para estacionar cerca de la puerta. Te ayudará a estar alerta de las cosas que hacen la vida un poco más disfrutable. Cada día, una vez al día, hazte el regalo de saborear lo bueno de tu vida.

Gratitude

Mark

the rain gave me a break!

POSITIVE ♡ COMMENTS

lisa AND bonnie!

#OMIMBJ

analog tools

TAKING A ME DAY!

Peloton

FEELING healthy

long hot baths

NAPS

CREATIVE TIME

REST

Cream Ridge Veterinary Clinic

ENERGY

baby fever

PUPPY SNUGGLES

hubby

SUNNY DAYS

TACOS!

BELLA

getting BACK TO normal

being self-employed

Gratitude Log by Kara Benz

CONTROL

Señor, concédeme serenidad para aceptar lo que no puedo cambiar, valor para cambiar lo que sí puedo y sabiduría para distinguir ambas cosas.

REINHOLD NIEBUHR

Que las cosas deben cambiar es una de las pocas verdades universales. Por un lado, eso nos da miedo, porque las cosas pueden ir peor. Invertimos cantidades enormes de tiempo y energía, por no hablar de dinero, en intentar evitar o mitigar los cambios negativos como perder el trabajo, el estatus, la seguridad, la salud o las relaciones. Se puede decir lo mismo de implementar cambios positivos, como la educación, la apariencia, las capacidades o el crecimiento personal en general. En ambos casos, una gran parte de ese esfuerzo es en vano, porque se aplica a cosas que simplemente no tenemos el poder de cambiar. Saber qué podemos cambiar empieza por definir qué cosas controlamos.

Este empeño se encuentra en el corazón del estoicismo, una escuela de filosofía antigua que se centraba en descifrar el enigma milenario de cómo vivir una buena vida. Para los estoicos, una parte fundamental de la solución era «conocer la diferencia» entre las cosas que podemos controlar y las que no.

Según ellos, no podemos controlar el mundo que nos rodea ni la gente que lo habita. Es nuestra fútil resistencia ante esta verdad lo que nos deja frustrados, devastados o totalmente perdidos. Por ejemplo, cuando buscamos la aprobación o el reconocimiento de los demás por nuestros esfuerzos, muy a menudo nos quedamos con las ganas o directamente enfadados y confundidos si no nos dan lo que queríamos. ¿Por qué nos sentimos tan mal? Porque hemos creado una expectativa de algo que no controlamos.

Cuando observas la vida a través de esa lente, surgen un montón de ejemplos. Da igual lo bueno que seas con una persona, no le gustas. Das un buen consejo y tu amigo va y hace precisamente lo contrario. Trabajas un montón de horas extra, pero no te dan el ascenso. Abres tu corazón y te lo rompen. La lista, si quisiéramos, no tendría fin. Cuanto más intentamos controlar a los demás, más agotadora resulta la vida.

Si no podemos controlar el mundo ni la gente que nos rodea, lo único que nos queda es nuestro mundo interior, ¿no? Somos criaturas emocionalmente complejas. No podemos evitar enfadarnos con quienes nos contrarían o sentir tristeza ante una pérdida. Así que no, tampoco tenemos pleno control sobre nosotros mismos. En resumen: no podemos controlar nuestros sentimientos, ni a la gente ni los sucesos externos. Pero hay una cosa que sí podemos controlar, y es muy potente.

Podemos controlar cómo respondemos a lo que nos sucede.

Tenemos el poder de responder con intención ante los problemas increíblemente creativos a los que nos enfrenta el mundo, la gente o incluso nuestras emociones. Da igual lo que suceda en nuestra vida, da igual lo feas que se pongan las cosas, nunca estamos completamente a merced de nuestra experiencia. Siempre podemos encontrar cierta oportunidad y libertad en cómo decidimos actuar. Así, es nuestra obligación aprovechar al máximo esa libertad.

> Cuando mi computadora hacía cualquier cosita rara, solía tomarla con el ratón y el teclado, que es como pisar un charco para atacar a la lluvia. Cuando comencé a usar el método Bullet Journal, me empecé a preguntar «¿por qué?» antes de enfadarme por cada cosita que me pasaba. Si alguien se me cruzaba en la autopista, me preguntaba por qué me enfadaba por algo que no podía controlar. Ahora sencillamente dejo más espacio entre mi coche y el siguiente.
>
> Trey Kauffman, periodista, usuario del método Bullet Journal

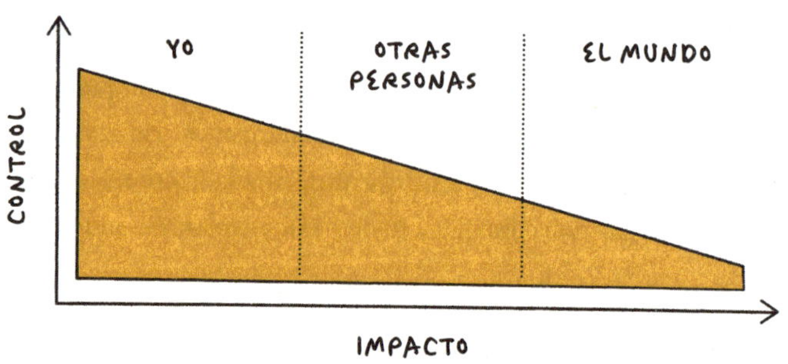

EN LA PRÁCTICA

RESPONDER O REACCIONAR

Nuestras reacciones son a menudo más instintivas que intencionales, especialmente cuando una situación o una persona está dando lo mejor de sí para sacar lo peor de nosotros. Pongamos que tu colega Chad te ofende y tú te hinchas como un pez globo para protegerte. Podrías perder mucho tiempo pensando en todos los motivos por los cuales Chad se equivoca contigo, con la situación, con la elección de sus zapatos y con la vida en general. O, peor, lo atacas, te ataca a ti y todo se descontrola hasta que ambos acaban en el mismo peldaño de la escala evolutiva.

Malgastamos nuestra energía intentando protegernos porque, en el fondo, somos animales. Cuando nuestros antepasados se ponían nerviosos, sobrevivían corriendo o mordiendo. Luchar o huir. Ha pasado cierto tiempo desde que nos colgábamos de los árboles y ahora tenemos mejores opciones disponibles. Podemos hacerlo mejor.

En lugar de tirar a Chad por la ventana, respira hondo y no muerdas el anzuelo. Deja pasar el enojo. Durante tu reflexión diaria, puedes empezar a examinar la experiencia desde una mejor óptica. ¿Por qué dijo o hizo lo que hizo? ¿Por qué manifestaría esa opinión tan cuestionable? ¿Por qué te molestó exactamente? ¿Qué opciones tienes?

Usa estos pensamientos para formular una respuesta mesurada en forma de carta escrita en tu Bullet Journal. Seamos claros, esta carta no es necesariamente para Chad. Es para que tú puedas ordenar tus pensamientos. Para revelar oportunidades e ideas que pueden haber estado ocultas con el calor del momento. Este truco me ha ayudado a tratar con gente y situaciones difíciles. En primer lugar, te permite desfogarte de forma segura. Podértelo sacar todo de la cabeza ya te proporciona el alivio que tanto necesitabas. Observar tus pensamientos sobre el papel también puede hacerte ver sobre qué cosas estás discutiendo más de la cuenta o estás siendo poco razonable e incluso irracional. Una vez te has quitado eso de encima, puedes bajar un poco la intensidad, replantear tu postura de una forma tranquila y considerada y pensar en pasos productivos que dar en el futuro.

Por ejemplo, puedes descubrir que una gran fuente de conflicto es que no entiendes por qué actúa así la otra persona. Seguramente puedes aclarar eso. Si puedes mantener una conversación con la otra persona, intenta escuchar lo que dice. A lo mejor descubres que tiene algo de razón. A lo mejor malinterpretó algo y, si tú estuvieras en su lugar, también estarías enfadado. El que se haya burlado no quiere decir que esté equivocado..., y que te haya ofendido no quiere decir que tú tengas razón.

Durante la escritura de esta carta, a lo mejor te das cuenta de que lo que dijo o hizo no tenía nada que ver contigo. En el fragor del momento, es fácil olvidar que nuestro agresor puede estar pasando un mal momento. Al reaccionar con miedo o ira, solo profundizamos en sus heridas y en las nuestras, acabando con las oportunidades de entendimiento, progreso o resolución. También prolongamos la pérdida de tiempo y energía preocupándonos por algo que no podemos controlar.

PROCESO O RESULTADO

Mark Twain escribió: «Mi vida estaba llena de preocupaciones, la mayoría de las cuales no había tenido lugar».[49] La preocupación sabe cómo secuestrar nuestra atención. Esto es especialmente cierto con las cosas que no podemos controlar a causa de su elevado nivel de incertidumbre. Consumimos una gran cantidad de recursos obsesionándonos con los resultados e imaginando planes de contingencia, pero, en realidad, lo único que hacemos es alimentar nuestra ansiedad. Intentar pensar cómo salir de situaciones que no podemos controlar puede parecernos productivo, pero no es más que una potente distracción.

La preocupación nos pone como cebo la promesa de una solución, pero a menudo no ofrece ninguna.

Como dijo el dalái lama: «Si un problema no tiene solución, no tiene sentido preocuparse. Y si la tiene, preocuparse no ayuda».[50]

Durante tu reflexión diaria o durante la migración mensual, revisa tus tareas e intenta identificar sobre cuáles tienes control y sobre cuáles no. Una forma sencilla de saberlo es ver si la tarea se centra en el resultado o en el proceso: «• Hacer una presentación magnífica», «• Perder 5 kilos», «• Leer cinco libros», o «• Hacer entrar en razón a Chad» son objetivos. Aunque los objetivos nos proporcionan una dirección en la que avanzar, se centran en los resultados que, en última instancia, no podemos controlar. Por eso dividimos los objetivos en pasos más pequeños y posibles de hacer: «• Memorizar la presentación», «• Nada de refrescos los domingos», «• Reservar tiempo para leer» y «• Abordar las preocupaciones de Chad». Esto son cosas que puedes controlar.

Al identificar que hay cosas que no podemos controlar y soltarlas, puedes recuperar tu atención y reinvertirla en cosas que sí controlas. Concéntrate en todo lo que puedes controlar para ayudar a que algo sea un éxito. Nadie te puede pedir más. Y, lo que es más importante, no hay nada más que puedas pedirte.

RADIACIÓN

A medida que un hombre cambia su naturaleza, también cambia la actitud del mundo con respecto a él.

Mahatma Gandhi

Piensa en un compañero de trabajo tóxico que hayas tenido. Aunque tú estuvieras bastante satisfecho con tu trabajo, ¿cómo te sentías cuando lo oías criticar a la empresa, quejarse de su trabajo o manipular a la gente para obtener lo que quería? Deja un mal sabor de boca que cuesta quitar. Según un estudio,[51] sin ser ni siquiera consciente, puedes transmitir esa negatividad a tu pareja durante la cena e incluso a los compañeros de trabajo de tu pareja al día siguiente.

Como las ondas cuando lanzas una piedra a un lago, nuestras acciones se expanden en el mundo que nos rodea. Cada onda influye en lo que encuentra en su camino, lo que, a su vez, influye sobre cosas aún más lejanas. Cuando le detienes la puerta a alguien, por ejemplo, puedes inspirar en esa persona el deseo de hacerlo por la siguiente y propagar un acto de amabilidad que no habría existido sin tu influencia. Del mismo modo, cuando le hablas mal a alguien, es posible que su pareja, sus amigos o sus hijos sufran el eco de tu acto. Me gusta referirme a esta capacidad nuestra de influir sobre el mundo que nos rodea como radiación; literalmente, lo que irradiamos.

La naturaleza de la radiación suele ser un reflejo de lo que sucede por dentro. Por eso, cultivar la autoconsciencia está muy lejos de ser algo egoísta, es de vital importancia. Si no somos conscientes o no queremos responsabilizarnos de nuestras peores cualidades, como la negatividad o la ira, las pasaremos inevitablemente a quienes tengamos cerca. La carga de nuestras palabras y acciones moldea el mundo que nos rodea para alinearlo con nuestro mundo interior. Nuestra falta de entusiasmo en un proyecto agota el entusiasmo de los demás. Nuestro mal humor nos será devuelto en forma de silencio por parte de nuestra pareja durante la cena.

No estoy sugiriendo que te obligues a convertirte en un alegre personaje Disney con un arcoíris de optimismo perpetuo saliéndote por la nariz. Es más bien que tenemos la obligación de abordar nuestras debilidades y construir sobre nuestras fortalezas, porque no estamos solos. Cultivar nuestro potencial nos hace más valiosos para nosotros mismos y para los demás, especialmente los más cercanos a nosotros.

Aunque no podemos controlar a la gente, de alguna manera sí estaremos influyendo sobre aquellos con quienes estamos en contacto que, a su vez, pueden influir en otra gente. Tu conocimiento puede enseñar a otros. Tu trabajo duro puede inspirar a otros. Tu optimismo puede animar a otros. Seth Godin escribió una vez: «O bien eres la persona que genera energía. O bien eres quien la destruye».[52]

Mejorarte a ti mismo conduce a la mejora de los demás y, si llevamos ese efecto eco hasta su potencial infinito y lo multiplicamos por cada ser humano, contribuimos a la mejora del mundo. Si no quieres ser mejor por ti, hazlo por ellos. Si tu objetivo en la vida es ser útil a los demás, puedes empezar viendo cómo puedes serte útil a ti mismo.

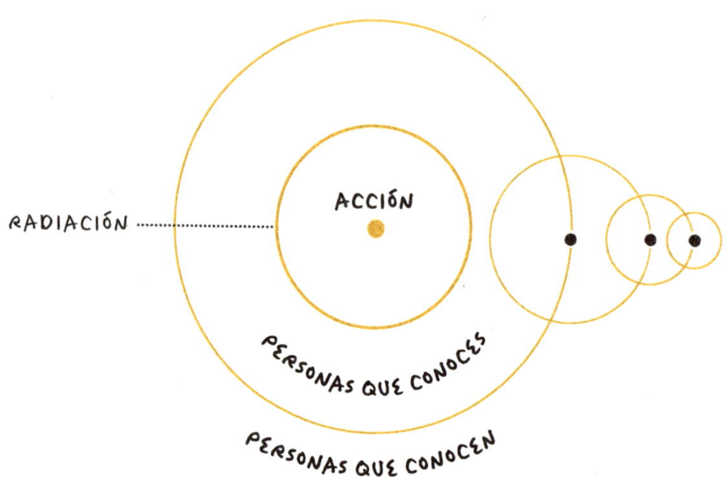

EN LA PRÁCTICA

AUTOCOMPASIÓN

Tómate un momento para pensar en un amigo que esté pasando una mala racha. A lo mejor tiene problemas en el trabajo o fue cruel con alguien o su pareja lo dejó. Sea lo que sea, se siente muy mal consigo mismo. Probablemente te sentarías con él a escucharlo mientras habla de todos los motivos por los que es una malísima persona o un inútil.

A lo mejor intentarías corregir su autopercepción errónea. Le dirías las cosas que hace bien o en las que es bueno. Le recordarías lo mucho que lo quieres y que todo el mundo comete errores. A lo mejor intentarías aconsejarle una manera de seguir adelante, porque sabes que hundirse en cosas que se perciben como fracasos o defectos no ayuda para nada. Al menos lo escucharías. No nos importa ofrecer apoyo y consuelo a las personas que apreciamos. ¿Qué pasaría si extendiéramos esa misma generosidad a nosotros mismos?

Es más sencillo decirlo que hacerlo, ¿no? Somos capaces de encontrar incontables motivos para ser duros con nosotros mismos, especialmente si somos inseguros, sensibles o, básicamente, si respiramos. Necesitamos empezar a cambiar ese maltrato por los consejos lúcidos y compasivos que ofrecemos a los demás.

La autocompasión puede empezar haciéndonos una sencilla pregunta: ¿qué le dirías a un amigo en esta situación?

Hacerse esta pregunta interrumpe a nuestro crítico interior y nos obliga a ponernos en el modo de resolución de problemas. ¿Te imaginas que un amigo que estuviera pasando un mal momento viniera a pedirte ayuda y tú solo empeoraras su sufrimiento? Pues claro que no, porque tú eres un buen amigo al que le preocupa la gente. Pero eso es exactamente lo que muchos de nosotros nos hacemos constantemente.

La próxima vez que te veas machacando a la misma persona que sopla las velas de tu pastel de cumpleaños, imagina que estás cuidando de un amigo que lo necesita. ¿Qué consejos pacientes y compasivos le ofrecerías para superar o recontextualizar su situación? Si hizo algo mal en el trabajo, por ejemplo, podría ser que entrase en una espiral descendente en la que cuestionase sus habilidades, su valía, etc. Eso hace que pierda la perspectiva rápidamente. Una forma sencilla de hacerlo sentir mejor es mostrarle pruebas que lo obliguen a cuestionar a su crítico interior. Podemos usar la misma táctica cuando nos enfrentamos a nosotros mismos.

Cuando nos equivocamos, la voz de nuestro crítico interior sube de volumen, y puede ser muy convincente. Por suerte, tenemos buenas pruebas para demostrar que se equivoca, ¡de nuestro puño y letra! Si has estado usando el registro diario, habrás recogido ejemplos claros de éxito, habilidad, generosidad, cariño, etc. Esto es especialmente cierto si llevas un registro de gratitud (página 194). Cualquier cosa por la que te estés culpando, es probable que pueda ser rebatida por un argumento indiscutible contenido en las páginas de tu Bullet Journal.

Si estás alicaído, busca esos ejemplos durante tus reflexiones. Enséñate las pruebas y permítete aceptarlas. Puede ser duro y puede que conserves cierto escepticismo al principio, pero intenta hacer sitio en ese coro oscuro interior para una voz benevolente. Cuanto más tiempo hable la voz, más posibilidades hay de que la escuches. Con el tiempo, a lo mejor, estarás dispuesto a confiar en ella.

MEJORA MUTUA

La radiación va en los dos sentidos. Así que ten cuidado con la gente de la que te rodeas, porque ellos te moldearán. Sus fortalezas y debilidades pueden tener una grandísima influencia en tu trayectoria. Por lo tanto, es muy importante que pienses en con quién quieres cultivar relaciones, tanto profesionales como personales.

Mira tu Bullet Journal y observa con quién pasas más tiempo. A lo mejor sabes qué sientes por ellos, pero ¿te has parado a pensar en el impacto que tienen en ti? Empieza a tomar notas sobre algunas de estas interacciones. No te preocupes, no estás llevando un registro extraño de tus amigos, solo estás empezando a ser consciente de cómo te afecta su radiación. Añade algunas notas sobre la cena, la cita o la reunión cuando llegues a casa. ¿Te divertiste? ¿Qué aprendiste? ¿Pasaste la mayor parte del tiempo ahí sentado escuchando sus problemas... otra vez? ¿Cómo te sientes cuando estás con esa persona? Puedes capturarlo rápidamente así:

- Cena con Becca en Evelina's
  - Hablamos sobre aspiraciones
  - Queremos ir juntos a Portugal
  - Queremos organizar juntos la próxima fiesta
  - Siempre me voy más motivado después de estar juntos

Puede parecer raro al principio, pero registrar tus interacciones te da la oportunidad de articular algo que no podrías de cualquier otra manera. Nunca sabes lo que podría revelar. Puede que descubras que la relación es vampírica: suele dejarte agotado. Va en un solo sentido: siempre llamas y lo haces todo tú. Por el contrario, puedes darte cuenta de que hay gente que te hace sentirte inspirado, más ligero, lleno de energía, contemplativo o más calmado. Sea cual sea el caso, te estás haciendo más consciente, por lo que podrás ser más intencionado en el manejo de tus relaciones, incluyendo decidir qué relaciones vale la pena tener.

Las personas negativas o sin motivación de tu vida podrían sabotear tus esfuerzos de vivir con intención. Intenta acompañarte de quienes te inspiran, te motivan y te suponen retos constructivos. Pregúntate: ¿qué puedo aprender de ellas? ¿Es el mundo un lugar un poquito mejor porque están en mi vida? ¿Me hacen querer ser mejor persona?

Como dijo una vez Joshua Fields Millburn de The Minimalists: «No puedes cambiar a la gente que te rodea, pero puedes cambiar la gente que te rodea».[53] Tú eliges con quién pasas tu precioso tiempo. Rodéate de personas que quieran lo mejor para ti. Eso no quiere decir que estén siempre de acuerdo contigo o que te apoyen en todo indiscriminadamente. No, encuentra a personas que quieran que triunfes, aunque eso signifique tener conversaciones complicadas, desacuerdos o tener que decirte que estás equivocado y estás siendo poco razonable. Todos necesitamos que nos digan algunas cosas de vez en cuando. Busca a gente que te desafíe a crecer desde el respeto, el aprecio y el cariño mutuos.

APRENDER

La mejor manera de que tu radiación sirva a los demás es retándote a crecer. Para ello, convierte el aprendizaje deliberado en un eje constante de tu vida. Tener intención en la búsqueda de conocimiento nos ayudará a relacionarnos con el mundo y abrirnos de maneras que nunca habríamos considerado o a las que nunca habríamos estado dispuestos de otra manera.

Durante tu reflexión, pregúntate:

— *¿Qué estoy aprendiendo?*
— *¿Qué lecciones me ha enseñado o me ha inspirado a aprender ___________ [situación o relación]?*
— *¿Sobre qué quiero saber cosas? ¿Qué haré para aprender?*

Ya sea leer, dar clases, tener conversaciones con amigos y mentores o experiencias enriquecedoras, haz que forme parte de tus planes. Utiliza el Bullet Journal para identificar las cosas que te inspiran deseos de aprender más. Una vez sepas qué es lo que capta tu interés, márcate objetivos (página 161). Puedes abordarlos de la misma manera que lo harías con cualquier otro objetivo del Bullet Journal, pero también te proporciono este ejemplo visual sobre cómo aplicar esto directamente al aprendizaje.

Con cada cosa que aprendes te conviertes en un individuo más capaz, acabado y sustancioso. Aportarás más valor a todos los que te rodean, no por lo que hagas por ellos, sino por lo que has hecho para ilustrarte a ti mismo.

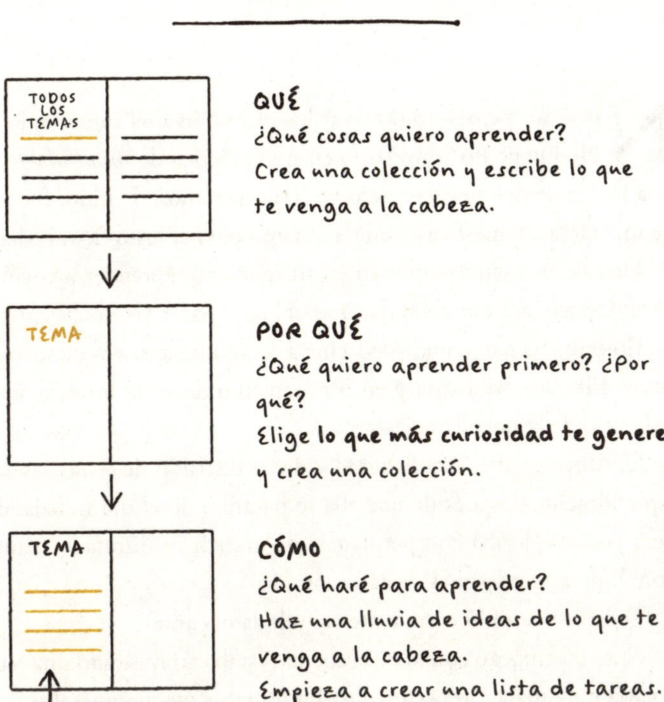

RESILIENCIA

Si sabes el porqué, puedes soportar cualquier cómo.

FRIEDRICH NIETZSCHE

No sé tú, pero yo odio lavar los platos. Es una tontería, lo sé. He intentado convertirlo en una práctica de *mindfulness*, en una forma de desconectar, pero no. Durante años, de niño, fue una de mis tareas domésticas y eso la amargó para el resto de mis días.

Una de mis parejas intentó en su momento aprender a cocinar. Que desarrollara esa habilidad me obligó a pasar las noches arrancando ectoplasma de nuestra cocina a regañadientes. Así estaban las cosas. Ella llegaba a casa y en un momento destruía mi exorcismo culinario de la noche anterior.

Sí, debería haber estado agradecido de disfrutar de cenas caseras, especialmente después de que ella se pasara todo el día trabajando, pero yo me quejaba con petulancia de invertir mi limitado tiempo libre limpiando después de cada comida.

Todo eso cambió una noche cuando la oí cantar.

Cuando empezó con lo de la cocina, estaba atravesando una temporada muy mala. Su personalidad, normalmente vibrante y encantadoramente payasa, que era lo que me había atraído de ella, se había apagado mucho. Nuestra comunicación era buena, pero yo no podía hacer nada para ayudarla con lo que le estaba pasando. Por supuesto, eso me frustraba más. Después de todo, cuando aquellos a quienes queremos sienten dolor, lo último que queremos es no hacer nada.

Una noche, antes de cenar, me distrajo de mi trabajo una suave melodía que inundaba nuestro departamento. No entendía qué estaba pasando porque nunca la había oído cantar en los años que llevábamos juntos. Pero ahí estaba, cantando en voz baja y meciéndose al lado de los fogones mientras nos preparaba la cena.

Y entonces lo entendí. Todo esto de cocinar no tenía nada que ver con la comida. Era su forma de luchar contra sus demonios y seguir demostrándome cuánto le importaba. Era algo que podía controlar. Aquella noche, mientras lavaba los platos, tuve aquella imagen de ella en paz en la cabeza todo el tiempo. Supe que lo único que tenía que hacer para ayudarla, lo único que podía hacer, era mojarme las manos.

Con el tiempo mejoró. Empecé a esperar con impaciencia sus cenas a medida que ella, poco a poco, volvía a ser la adorable mujer que había sido. De hecho, esas cenas se convirtieron en un lugar seguro que nos permitió profundizar en nuestra relación. Cuando las cosas se ponían difíciles y teníamos que hablar, uno de nosotros cocinaba para el otro. Daba igual lo complicada que fuera la conversación, siempre iba acompañada de este esfuerzo cariñoso, señal de nuestro profundo amor y respeto. Eso incluía lavar los platos, cosa que resultó que también era lo que menos le gustaba a ella. Nada estrecha más una relación que tener algo que odiar juntos.

¿Logró algo de todo esto que a mí me gustara lavar los platos? No, pero me permitió entender que era importante. Esta tarea aparentemente insignificante que solo me había limitado a sobrellevar aportó auténtico valor a mi vida. ¿Qué había cambiado? No el proceso manual de lavar platos. Por supuesto, lo que había cambiado era yo. Esta tarea empezaba a importarme y me esforcé más. Un día, ella pasó por allí mientras yo lavaba después de la comida que más he disfrutado en mi vida. Ella me besó en la mejilla y me dijo: «Gracias. Sé que es muy tarde y que odias hacer esto, pero me ayuda de verdad. Hace que me sienta querida».

Antes, cuando pensaba en cómo definir y encontrar lo importante, lo que de verdad me aportara sentido, parecía que tuviera que estar unido a grandes gestos. A lo mejor tenía que hacer la mochila y buscar en un confín remoto de la tierra a un iluminado viviendo en una cueva. Ahora sé que el sentido se puede encontrar mucho más cerca de casa.

El sentido puede revelarse en los momentos menos memorables y más impredecibles. Si no prestamos atención al mundo que nos rodea, así como a nuestro mundo interior, podríamos estar perdiéndonoslo: la música de lo mundano. Esta es una habilidad que puede adquirirse mediante el estudio, pero no el académico ni nada que no podamos comprender. El sujeto de estudio es nuestra experiencia.

A menudo, operamos de manera inconsciente. Avanzamos por la vida en piloto automático y apenas nos paramos a entender por qué algo nos hace sentir de la manera que lo hace. Sin contexto personal, sin entender cómo algo aporta valor a nuestra vida, nos parecerá, en última instancia, que nuestros esfuerzos no tenían sentido. El contexto nos ayuda a entender cómo algunas responsabilidades desagradables o incluso dolorosas pueden beneficiarnos. Exploremos algunas maneras de hacer que el contexto aflore.

EN LA PRÁCTICA

REGISTRO DE CLARIDAD

Sam Cawthorn, fundador de Speakers Tribe, dijo una vez: «Las personas más felices no tienen necesariamente lo mejor de todo, pero lo aprovechan todo al máximo».[54] Una forma potente de empezar este proceso es reformular lo mundano en nuestra mente. Muchas tareas no nos inspiran demasiado a primera vista. Lavar la ropa, acabar proyectos, hacer la compra, etc. En lugar de centrarnos en la monotonía de la acción, dediquemos un momento a centrarnos en las experiencias que genera. Lavar la ropa nos proporciona toallas mullidas después de la ducha, camisas limpias para ir a trabajar y sábanas frescas para dormir por la noche. Acabar un proyecto nos proporciona una sensación de satisfacción por el trabajo bien hecho y nos paga las nóminas —y puede que una parte la dediquemos a unas vacaciones en Hawái (página 262)—. Hacer la compra nos pone una deliciosa comida en la mesa para poder pasar tiempo de calidad con nuestros seres queridos.

Esto no es pensamiento positivo; se trata de analizar sistemáticamente nuestros esfuerzos para definir su objetivo. Tendemos a no contextualizar así nuestras obligaciones. Para ayudarnos a ser más conscientes de por qué hacemos lo que hacemos, podemos crear un registro de claridad en nuestro Bullet Journal. Busca en tu registro diario e identifica las obligaciones o tareas que más te cuestan. Toma una y escríbela en la página izquierda del registro de claridad. Tomemos, por ejemplo, pagar el alquiler:

> Pagar el alquiler me enoja porque tengo la sensación de estar tirando el dinero.

Bueno, está claro que es fácil ver el pago del alquiler como un ritual mensual en el que tiras dinero que te ha costado mucho ganar al vacío gélido que ocupa el lugar donde debería estar el corazón de tu casero. Pero seguro que existe un motivo para haber alquilado ese departamento. Equilibra la percepción negativa de esta obligación tomándote un momento para concentrarte en lo que te gusta de tu casa.

Cierra los ojos y piensa en un detalle o dos que te hacen quedarte allí, que convierten ese espacio en tu casa. Sea lo que sea, escríbelo en la página de enfrente.

- El rayo de luz que calienta el suelo al lado de la cama por las mañanas
- El olor a café de la cafetería de la esquina que se cuela por la ventana
- Que está cerca del trabajo

Ningún lugar es perfecto, pero si tu casa te hace sentir sobre todo contento, entonces pagar el alquiler puede parecerte una forma de recompensarte a ti mismo cada mes con esas alegrías. Esto aclara por qué lo que parece una obligación aporta sentido. Otra forma de descubrir lo que tiene valor para nosotros es pensar en las personas que amamos. A lo mejor este ejercicio te ha hecho darte cuenta de que en realidad no te gusta nada tu casa (si es así, lo siento; a mí me pasó). No está todo perdido. Piensa en por qué te mudaste allí teniendo en cuenta tus relaciones. A lo mejor esta casa ha permitido que tus hijos vayan a un colegio mejor. A lo mejor te ha permitido estar más cerca del trabajo, de manera que tardas menos en ir y volver y así puedes pasar más tiempo con los amigos. Sea lo que sea, escríbelo.

Conectar tus obligaciones con tus seres queridos puede inyectarles el sentido que precisan. Aunque puede que no haga que disfrutes más de estas responsabilidades, les da un sentido, lo que puede convertir en soportable incluso la tarea más tediosa.

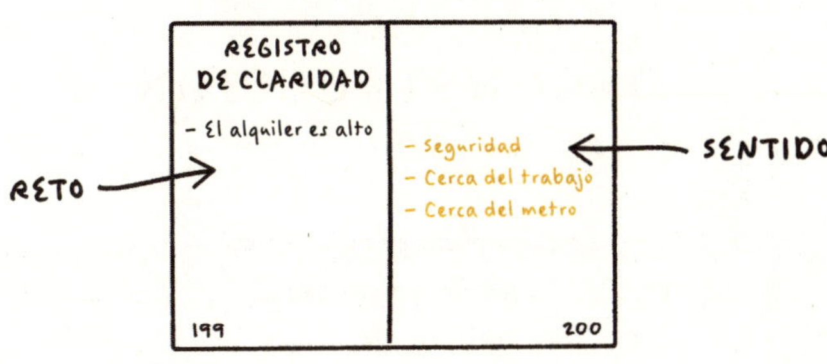

SEGUIMIENTO DEL PROGRESO

¿Qué pasa si haces este ejercicio pero no logras encontrar el beneficio o el sentido que subyace a determinada obligación? Muchas cosas de las que hacemos no revelan inmediatamente su valor. Es decir que, como los malos invitados, suelen llegar tarde, pero con una magnífica botella de vino. Observar con paciencia es clave.

Si no logras encontrar el sentido de algo en concreto, no le quites el ojo. La migración mensual también puede utilizarse para hacer un seguimiento del progreso. Úsala como hito para preguntarte si algo ha cambiado.

Si, al final, llegas a la conclusión de que una obligación no está añadiendo valor a tu vida o que el esfuerzo supera con mucho el valor que aporta, has identificado una distracción. Suéltala. Si no puedes hacerlo por el motivo que sea, deconstrúyela (página 220) y busca alternativas.

DECONSTRUCCIÓN

Lo que se cruza en nuestro camino
se convierte en el camino.

MARCO AURELIO

Uno de los textos más antiguos conocidos es el Enûma Elish. Es un mito de creación babilónico que enfrenta a Marduk, defensor de los dioses, contra Tiamat, una bestia parecida a un dragón, madre de monstruos, que está decidida a destruir a los dioses. Describe una épica batalla a muerte entre el bien y el mal, el orden y el caos. Marduk vence a Tiamat, procede a desmembrar su cuerpo y usa los trozos como pilares de la creación. Las costillas se convierten en el cielo, la boca, en el mar. Aunque es un poco sangrienta, es una potente metáfora de cómo podemos deconstruir nuestros retos y utilizarlos a nuestro favor.

Cuando acabé la universidad, tuve la suerte de conseguir el trabajo de mis sueños como becario. Había estudiado paralelamente diseño gráfico y escritura creativa y quería combinar esas dos habilidades trabajando en secuencias de títulos de crédito. Ya sabes, esas micropelículas que hay al final de las películas. La beca era para trabajar con un hombre que fue el pionero del resurgir de este tipo de arte y cuyo trabajo era muy inspirador.

Me fui a Nueva York con dos bolsas y me instalé en un sótano mohoso que apenas podía pagarme, con dos *roomies* que se habían quedado las habitaciones buenas y un gato saltarín con el que no me llevaba bien. Era el pequeño precio que pagar por mi nueva carrera.

La semana antes de mi fecha de inicio llamé a la oficina para que me dieran los últimos detalles sobre la beca. Resultó que, a causa de los ataques terroristas al World Trade Center del año anterior, la empresa había despedido a mucha gente. En resumen, que me habían echado antes de empezar y nadie se había molestado en decírmelo. De repente, era otro estudiante de arte sin empleo en Nueva York, buscando trabajo en uno de los mercados laborales más desoladores de la historia reciente, durante uno de los inviernos más duros de las últimas décadas.

Durante meses busqué trabajo infructuosamente. Mis escasos ahorros se evaporaron. En los días buenos, avanzaba fatigosamente por la nieve, me subía a metros abarrotados en hora pico con mi portafolio y me descongelaba mientras me interrogaban, digo, entrevistaban personas aburridas de recursos humanos para un trabajo para el que, inevitablemente, no estaba cualificado. En los días malos, me limitaba a sentarme delante de la computadora y responder a todas las ofertas de trabajo, cualquier trabajo.

Una mañana me despertó un ruido extraño. Abrí los ojos y vi que el suelo se movía. No, ¡el suelo estaba bajo el agua! La nieve se había derretido por la noche y había inundado mi habitación. Flotando al lado de mi cama estaba mi portafolio, con todos los trabajos de diseño que estaba usando para buscar trabajo. Lo primero que pensé fue: «Bueno, al menos tengo una copia de seguridad». Fue entonces cuando vi mi disco duro externo en el suelo, sumergido, y mi computadora parpadeando al lado. Aquella mañana perdí casi todo lo que tenía.

Muy poco después, acepté el primer trabajo que me ofrecieron, básicamente para sobrevivir. El trabajo no tenía nada que ver con mis habilidades, pero estaba arruinado y sin casa.

Durante mi primera semana, supe que todos mis predecesores habían salido de allí gritando y enseguida comprendí por qué. Mi tarea principal era recopilar formularios de petición de libros de fondo, listas con todos los libros que la empresa había publicado..., cientos de miles. Sí, me gustan las listas, pero aquello era un infierno hasta para mí.

No había ninguna tecnología ni ningún sistema fiable que facilitara el proceso, así que inevitablemente algo saldría mal en algún lugar y todos los dedos manchados de tinta me señalarían a mí. Además, mi superior era una jefa muy abusiva que se dedicaba a desmantelar sistemáticamente mi confianza y autoestima. Una vez me gritó tan fuerte que la gente de las oficinas de al lado entró corriendo pensando que «pasaba algo». Llegó un momento en que me daba miedo ir a trabajar. No sabía cómo, pero algo tenía que cambiar.

De nuevo, empecé a hacer entrevistas para cualquier trabajo. No funcionó. La verdad era que no tenía nada que me respaldara. Mi portafolio había desaparecido, tenía algunas becas de verano como experiencia y estaba trabajando en algo que no tenía nada que ver con mis habilidades. ¡Yo nunca me habría contratado! Me tragué el orgullo y acepté el hecho de que tenía que hacerme más valioso.

En mi proto Bullet Journal empecé a hacer un mapa de cómo invertía mi tiempo libre. Una gran parte de él lo pasaba en internet. Empecé a controlar en qué invertía mi tiempo cuando estaba en internet y vi que me dedicaba a leer y aprender cosas sobre experiencias interactivas en línea. Estaba naciendo un movimiento de páginas web experimentales que mezclaban arte, fotografía, video y diseño para convertirlo en fascinantes narrativas interactivas. También fue más o menos por esa época cuando empezaron a surgir las páginas web personales, especialmente de artistas, diseñadores y pequeños negocios.

Aún recuperándome de la inundación, veía con buenos ojos las ventajas de tener mi trabajo en línea, bien lejos de las garras de caseros negligentes y desastres naturales húmedos. Además, se daba la circunstancia de que algunos amigos me habían preguntado si podía hacerles una página web para ellos o para las empresas en las que trabajaban. ¿A lo mejor podía ganar dinero con eso?

Junté lo que me quedaba de mi irrisorio sueldo y empecé a ir a clases nocturnas de diseño web, que por aquel entonces era un campo nuevo. Un par de noches a la semana, me arrastraba hasta un aula sin ventanas, agotado después del trabajo, pero motivado. Por primera vez en mucho tiempo, estaba trabajando en algo que iba conmigo. Aprendí cuatro rudimentos de diseño y programación de páginas web. Me lancé a por todas las oportunidades que surgieron. Lo primero que diseñé fue la página de un restaurante de la ciudad, después otra para el grupo de uno de los camareros de ese restaurante, y así. Al final, pude juntar suficientes labores como autónomo para dejar el trabajo fijo y centrarme por completo en mi nuevo camino profesional.

Aunque no puedo decir que trazara el camino con habilidad y, ni siquiera, voluntariamente, la experiencia me enseñó que es muy sencillo empezar a sentirnos como si fuéramos rehenes de nuestras circunstancias. Ya sean los impuestos, el alquiler, cuidar de un familiar enfermo o pagar la hipoteca, estos son los dragones de nuestras vidas. Podemos refugiarnos asustados, indignarnos con el destino, hacernos los mártires, regodearnos en nuestra miseria, esperar a que los cielos se abran mágicamente y alguien venga a rescatarnos, o podemos ponernos manos a la obra.

EN LA PRÁCTICA

Tendemos a hinchar desproporcionadamente nuestros problemas. Da igual lo malo que sea realmente el problema, seguramente lo estamos empeorando mucho en nuestra mente. Puede parecer que nos consume y que somos incapaces e impotentes, pero eso nunca es cierto. Da igual lo desoladora o amenazadora que pueda parecer una situación, no nos tiene atrapados por completo. No puede quitarnos la libertad de responder, el poder de pasar a la acción.

Incluso la acción más pequeña puede empezar a cambiar las circunstancias. La primera acción puede ser sencillamente pararse a examinar el problema para poder empezar a deconstruirlo. Para hacerlo, usaremos la técnica conocida como *los cinco porqués.*

LOS CINCO PORQUÉS

Sakichi Toyoda, fundador de Toyota y padre de la Revolución Industrial japonesa, inventó esta técnica para descubrir las causas de los problemas técnicos en el proceso de manufacturación de su empresa. Es un método engañosamente sencillo de destapar las raíces de un problema y mostrar oportunidades inesperadas. Lo hace dividiendo lo que parece un gran problema en componentes individuales.

Podemos usar la misma idea para afrontar nuestros retos usando el Bullet Journal. Empieza una nueva colección y dale un título que resuma el problema: «No puedo pagar el alquiler». Ahora, pregúntate por qué. Escribe la respuesta. Ahora, desafía tu respuesta preguntando por qué. Haz lo mismo con la siguiente respuesta y sigue así hasta cinco veces.

NO PUEDO PAGAR EL ALQUILER

1. ¿Por qué? Porque no tengo dinero suficiente.
2. ¿Por qué? Porque el alquiler es muy elevado.
3. ¿Por qué? Porque vivo en un barrio bonito.
4. ¿Por qué? Porque me gusta vivir aquí.
5. ¿Por qué? Porque el barrio tiene buenos vecinos, buenas tiendas y restaurantes y me hace sentir seguro.

Hemos deconstruido un gran reto en sus componentes más pequeños, cada uno de los cuales podemos atacar por separado. Aún más importante, en este ejemplo también han aflorado valores ocultos que estaban siendo amenazados por la situación. A menudo, cuando deconstruimos un reto, descubrimos lo que de verdad está en juego. En este caso, no se trata del alquiler, se trata de dejar de estar a gusto y perder la sensación de seguridad. Estos son dos puntos importantes que puedes usar para crear el plan de ataque.

PLAN DE ATAQUE

Con nuestra lista de motivos bien clara, el siguiente paso es ver qué opciones tenemos. Naturalmente, esto se hace creando otra lista. Puedes hacer esto en la página opuesta a la colección «No puedo pagar el alquiler».

Si el problema es que no tienes dinero, puedes empezar listando maneras de contrarrestar este problema en concreto. Algunas que me vienen a la mente son:

1. Pedir un aumento.
2. Buscar un trabajo mejor pagado.
3. Compartir departamento.

4. Mudarme a otro barrio donde el coste de la vida sea inferior.
5. Apuntarme a clases de educación continua para incrementar mi valor profesional.

¡Ya vamos progresando! Cada entrada es un camino. Ahora, con tus opciones claramente desplegadas frente a ti, elige la que más te motive, la que sea una luz a lo lejos.

Digamos que eliges «Apuntarme a clases de educación continua para incrementar mi valor profesional». Ese es tu objetivo. Ve a la siguiente página doble en blanco y crea una subcolección dedicada a este objetivo. Con el objetivo creado, divídelo en pasos asumibles, como investigar campos de interés, buscar distintas escuelas que ofrezcan clases, matricularse en un curso, etcétera. Este es tu plan de ataque. Cada tarea completada es una estocada certera en la batalla contra tu dragón.

La vida está llena de dragones. Cuanto más tiempo viven, más grandes se hacen, se alimentan de la mala suerte, el resentimiento y la sensación de impotencia. Míralos. Míralos directamente a los ojos, esos terribles y enormes ojos. En ellos verás tu reflejo. Nuestros retos son espejos que muestran nuestras vulnerabilidades, inseguridades, debilidades y miedos. Por duro que sea, no les des la espalda. Obsérvalos, examínalos, preséntate ante tus miedos con curiosidad y descubrirás un camino hacia delante. Es perfectamente posible que tu valentía sea recompensada con oportunidades de crecimiento personal y profesional que, de otro modo, hubieran permanecido ocultas.

En mi caso, mi dragón era mi trabajo. Me aterrorizaba. Encarnaba todas las cosas que ingenuamente había jurado que nunca me retendrían: un trabajo sin posibilidades de ascender que no era creativo de ninguna manera. Pero tenía que pagar facturas, así que lo acepté. Estaba tan hundido en mi desgracia que olvidé una verdad muy sencilla: mientras hay vida, hay esperanza.

Finalmente, después de otro episodio especialmente brutal de abuso verbal por parte de mi jefa, me harté. Estaba cansado de ser la víctima, no solo su víctima, sino la de mis peores cualidades. Estaba cansado de ser el invitado de honor (y el único) en mi propia fiesta de la lástima, cansado de sentirme impotente. Todas estas miserias eran completamente autoimpuestas, como si atravesar esa terrible situación me convirtiera en una especie de noble mártir. Era ridículo e inmaduro. Estaba intentando ignorar el hecho de que la única solución vendría de mí y de nadie más.

Empecé poniéndome un objetivo: encontrar otro trabajo. Cuando me di cuenta de que eso no iba a suceder porque, sencillamente, no tenía nada que mostrar para demostrar mis conocimientos, me puse un nuevo objetivo: aprender a hacer páginas web.

Entonces fue cuando empecé a usar a mi dragón, mi trabajo, contra sí mismo. Mi escaso sueldo me pagaba las clases. Los abusos y el sinsentido de mi trabajo me motivaban para arrastrarme hasta la escuela nocturna. Por dura que fuera, cada clase era como una pequeña victoria en mi batalla. Al final, logré dar la estocada definitiva, no con una espada, sino con una sucinta carta de dimisión impresa en papel arrugado a causa de la inundación.

Ahora, cuando las cosas no salen como yo querría o cuando tengo que trabajar en algo que no me hace dar saltos de alegría, pienso en mi Tiamat. Miro a mi alrededor y veo todo lo que hice gracias a esa experiencia. Me obligué a aprender a programar, lo que me llevó a una satisfactoria carrera como diseñador de productos digitales, que me proporcionó la formación práctica que necesitaba para lanzar bulletjournal.com, que, en última instancia, me proporcionó el privilegio de escribir este libro y compartir contigo el método Bullet Journal.

INACCIÓN

Encontraré un camino o lo crearé.

ANÍBAL BARCA

En el capítulo de objetivos (página 161) hemos hablado de dividir grandes retos en esprints más pequeños y manejables. Pero ¿qué pasa si nos quedamos atascados en mitad del camino? A lo mejor estás trabado en un problema o perdiste la motivación o te está costando mucho sacar adelante determinado proyecto, objetivo o relación. Sea por lo que sea, te frustra esa sensación de inacción. ¿Qué puedes hacer? Existen dos técnicas que considero muy útiles para recuperar tracción.

EN LA PRÁCTICA

PATITO DE HULE

Una amiga que tiene una pequeña empresa exitosa estaba pensando en abrir una nueva sede. Pidió un crédito para financiar la construcción del nuevo espacio. Aunque tenía tres líneas de negocio que le proporcionaban beneficios, el banco le denegó la petición. Comprensiblemente enfadada, llamó a su contador y le contó su problema desde el principio. Pieza a pieza, empezó a articular lo que quería conseguir. Y, al hacerlo, se dio cuenta de que su objetivo no era tanto abrir una sede en concreto como hacer crecer su negocio. Decidió poner en marcha cinco pequeñas tiendas *pop-up* para probar qué ubicación sería la mejor para su negocio. Eso era algo que podía permitirse sin ayuda externa. Encontró una solución explicando su problema.

Este proceso se conoce como *patito de hule* y surge del libro *The Pragmatic Programmer*, de Andrew Hunt y David Thomas. Los autores cuentan la historia de un desarrollador que soluciona problemas de código explicándoselos línea a línea a un patito de hule. Sí, sí, uno de esos amarillos para jugar en la tina.

Cuando nos ponemos en marcha, a veces perdemos objetividad. Al explicar el problema detalladamente a alguien (o a algo), nos vemos obligados a cambiar la perspectiva, a ver la imagen completa, desde arriba, y no desde las profundidades del agujero mental en el que nos hemos enterrado.

Si no tienes a nadie cerca que pueda escucharte, puedes sentarte con tu Bullet Journal y escribir una carta a tu «Querido pato» (o a cualquier otra entidad buena, de confianza y que te acepte). Cuéntale:

— Tu problema
— Qué es lo que no funciona
— Por qué no funciona
— Qué has intentado
— Qué no has intentado todavía
— Qué te gustaría que hubiera pasado

Lo importante es sacártelo de la cabeza. Elabora tu explicación con cuidado y paciencia. Hazlo sabiendo que esta entidad a lo mejor no tiene toda la información que tú tienes. La buena comunicación nos ayuda a superar la brecha entre información y comprensión.

Mediante el proceso de comunicar cuidadosamente el problema, puede que seas capaz de encontrar la solución. Y, si una carta a tu patito de hule, panda de peluche, estúpida engrapadora o (Dios no lo quiera) a Chad no te ayuda, podemos probar otra cosa...

ESPRINTS DE DESCANSO

Si has ido siguiendo las indicaciones en orden, en este punto ya deberías tener configurada tu colección «Objetivos». Esta colección puede ser una herramienta inspiradora muy potente cuando te sientas atascado o poco motivado. Ya sé, ya sé que antes dije que no hay que volver a la colección «Objetivos» hasta haber acabado el que tengas entre manos, ¡pero esto es una emergencia! Si de verdad estás atascado y te quedaste sin ideas, esto suele querer decir que perdiste perspectiva. Puede que ya no seas capaz de ver cómo avanzar porque estás demasiado cerca del problema. Para recuperar perspectiva, te puede ayudar desconectar temporalmente tu mente centrándote en otra cosa. Para eso, crearemos lo que a mí me gusta llamar *esprint de descanso*.

Como los esprints (página 168) de los que hablamos antes, los esprints de descanso son microproyectos independientes. Están diseñados con el único objetivo de ayudarte a desatascar la mente. Los esprints de descanso se configuran en el Bullet Journal del mismo modo que los otros, pero siguiendo una serie de reglas algo distintas:

1. **Se tiene que poder completar en dos semanas o menos.** Necesitas un descanso, pero no quieres perder el hilo del proyecto principal.
2. **No puede estar relacionado con el proyecto/problema que te preocupa.** Tú y tu proyecto principal necesitan espacio. No es una ruptura, pero necesitas algo de tiempo para ti.

3. **Esto es muy importante: tiene que tener un final definido (y también un principio y un desarrollo claros).** Cuando nos sentimos atascados, la inacción nos quita la motivación. Un objetivo del esprint de descanso es darnos la satisfacción de tachar una tarea una vez finalizada, de sentir la satisfacción de acabar algo y pasar página. Recordar esa sensación puede recargarte rápidamente las pilas.

ESPRINT DE DESCANSO
«REDUCIR AL MÍNIMO LA ROPA»
CÓMO HACERLO

Un curso por internet, escribir un artículo, organizar tu galería de fotos, ordenar metódicamente tu armario, hacer un voluntariado con tus compañeros de trabajo... Depende totalmente de ti. Solo asegúrate de que sientes curiosidad por ello.

Cuando acabes este esprint de descanso, te habrás expuesto a algo nuevo. Habrás usado tu mente de un modo distinto, para pensar cosas que no habrías pensado de otro modo. Cada experiencia nueva nos ayuda a crecer y nos da una perspectiva nueva. Serás distinto a la última vez que intentaste abordar un reto que te hacía sentir atascado. Y eso puede marcar la diferencia.

IMPERFECCIÓN

Todo tiene alguna grieta, así es como se cuela la luz.

LEONARD COHEN

Hacía tiempo que se habían acabado las fiestas y las calles de Nueva York, normalmente abarrotadas, estaban vacías. Era como si la ciudad hubiese entrado en un periodo de hibernación total, recogiéndose ante las tristes inclemencias del invierno que se avecinaba.

Mi pareja de entonces estaba pasando un mal momento, así que decidí planear una cita romántica sin salir de casa. Había encontrado una botella de ese vino que tanto nos había gustado en el que había sido nuestro restaurante favorito hasta que cerró. El menú incluía *gnocchi* caseros. Nunca los había hecho, pero yo sabía que a ella le encantaban. No podían ser muy difíciles, ¿no?

Pues resulta que sí. Como es normal, todo salió cómicamente mal desde el principio, tuve que volver a empezar... unas cuantas veces. Pasé horas confundido por la receta, con el rostro tan arrugado como las papas. A medida que pasaban las horas, cada vez estaba más irritable y frenético. La imagen de ella volviendo a casa y encontrándose con una mesa perfectamente puesta, velas y música suave sonando de fondo se disipaba como el humo.

Acabé por los pelos. Ella entró, vio la mesa, soltó las bolsas y saltó a mis brazos apoyando su frío rostro en mi pecho. Cuando me miró, su amplia sonrisa se desvaneció y me preguntó qué me pasaba. «Nada», respondí malhumorado y sacudiendo harina de mis pantalones.

Ella se sentó y empezó a decir lo maravilloso que era todo, pero yo estaba demasiado ocupado pensando en todos los errores que había cometido preparando la comida. Eso estaba crudo, lo otro demasiado frío... Me estaba comparando con lo que había esperado que fuera: una imagen perfecta en mi mente. Lo único que no vi fue lo encantada que estaba por mi gesto y cómo su alegría se fue diluyendo a medida que yo insistía en todo lo que podría haber hecho mejor. Logré estropear el ingrediente más importante de la cena: el tiempo que pasamos juntos. Y todo porque quería que todo fuera perfecto.

La perfección es un concepto dañino y antinatural. Digo antinatural porque, por lo que sé, no hay una sola cosa en el universo físico que, tras ser examinada en profundidad, pueda cumplir con nuestra definición de perfección: sin mácula e inmejorable. Ni siquiera nuestros estándares promedio cumplen con ese requisito. Por ejemplo, el prototipo internacional del kilogramo, cariñosamente denominado Le Grand K (fue creado en Francia), es el objeto físico que fija el estándar de una de las medidas de peso más usadas en el mundo. Se mandaron duplicados a todo el mundo para que otros países los usaran como estándares. Resultó que, con el tiempo, aquellos objetos «perfectos» habían cambiado individualmente de masa. En el caso de un peso estándar, ese es un problema grave. Al fin y al cabo, la perfección absoluta no debería poder cambiar. Por eso, hoy en día, esos estándares se expresan en forma de ecuaciones y conceptos.

Tú ahora podrías contraatacar diciendo: «¿Y qué pasa si saco un 10 en un examen de matemáticas? Sería un resultado perfecto». Claro, puede que tus respuestas sean correctas, pero ¿lo eran las preguntas? ¿Cuál era el objetivo del examen? ¿Era una forma perfecta de medir tus habilidades? No, los exámenes son, en el mejor de los casos, aproximaciones. Hay muchas personas a quienes se les dan bien los exámenes, pero que luego no obtienen buenos resultados en el mundo real. Hay aún más personas a quienes se les dan mal los exámenes, pero después son buenos en lo suyo.

Se puede argumentar que la perfección solo existe en los conceptos, teorías o creencias intangibles usadas para definir lo ideal, lo permanente y lo divino. ¿Por qué estoy atacando esta idea? Porque la perfección suele sabotear nuestra capacidad para convertirnos en quienes podríamos ser.

Somos criaturas maravillosas, pero imperfectas, y hay pocas cosas que lo dejen más claro que nuestra invención de estándares inalcanzables a los que aferrarnos. Así que nuestras aspiraciones a menudo se marchitan en el árbol porque no somos capaces de hacer realidad los ideales mal informados que tenemos sobre nuestro cuerpo, nuestra mente, nuestros logros y relaciones.

No ser perfectos es una de nuestras mayores fuentes de autoodio. Es un mal uso de la intencionalidad, mediante el cual invertimos tiempo y energía en deshacer nuestro progreso. Destruimos nuestros planes, nos comprometemos con comportamientos contraproducentes y empoderamos a nuestro crítico interno.

El gran error es pensar que la alternativa a la perfección es el fracaso. Por suerte, la vida no es binaria; existe dentro de un rango. En un extremo, tenemos lo inalcanzable: la perfección. En el extremo opuesto, lo que no podemos evitar: el caos. Toda la belleza que existe en este mundo está en el equilibrio.

En Japón existe el término *wabi-sabi*. El *wabi-sabi* proclama que la belleza de un objeto se encuentra en sus imperfecciones. Completamente opuesto a la perspectiva occidental, que suele igualar perfección y belleza, el *wabi-sabi* celebra la transitoriedad, la individualidad y la naturaleza defectuosa de las cosas. Son estas cualidades lo que las hace únicas, genuinas y bellas: las grietas del jarrón, los nudos de la madera, las líneas de la piedra, las salpicaduras de tinta. Refleja las filosofías budistas, en las que la sabiduría procede de estar en paz con nuestra naturaleza falible.

Aceptar nuestra imperfección pone el acento donde debería estar: en la mejora continua. Esta forma de pensar hace que los errores dejen de ser minas antipersona y los convierte en señales que nos indican el camino a seguir.

Al celebrar la transitoriedad, el cambio universal de todas las cosas, el* wabi-sabi *promueve un camino de indulgencia con oportunidades ilimitadas de progreso.

EN LA PRÁCTICA

PRACTICAR LA IMPERFECCIÓN

Bueno, ahora estarás pensando: «Soy muy consciente de mi humanidad; no necesito practicar más mi imperfección». Esto no va de cometer errores a propósito, sino de reformular nuestra respuesta ante ellos. En la meditación el objetivo, si es que podemos llamarlo así, es estar presente. Al desenredarnos de nuestros pensamientos, podemos verlos con objetividad. Es más sencillo decirlo que hacerlo.

Incluso los practicantes más experimentados se ven consumidos por sus pensamientos de vez en cuando. La clave es darse cuenta de que estamos atascados en un pensamiento y salir de él. Es más, consiste en percibir el deambular de la mente no como un error, sino como una oportunidad. Cada vez que vuelves al presente, fortaleces un poquito tu capacidad de concentración. Así, empiezas a ver un defecto con curiosidad en vez de juzgarlo.

¿Eres una de esas personas que se esfuerzan porque su libreta sea perfecta? A lo mejor no tienes una letra muy bonita o no tienes las habilidades artísticas para embellecer tu libreta. ¿Eso importa? Solo si tú quieres. Puedes ver tu libreta como una muestra de tus imperfecciones o como una prueba de valentía. Esas líneas torcidas y esas letras bastas son el retrato de alguien que se esfuerza por aprender y lograr un cambio positivo en su vida. Puede que no sean perfectas, pero son indudablemente bellas.

¿Sueles abandonar libretas cuando cometes un error o empiezas algo mal? Si es así, crea una colección de imperfecciones. Dedica algún espacio de tu libreta sencillamente a soltarte. Puedes empezar escribiendo tu nombre con la otra mano. Garabatea, ralla, haz lo que quieras. Haz lo que más miedo te dé que pueda afear tu libreta. ¿Eso hace que tu Bullet Journal sea menos valioso? No. Podría incluso decirse que lo hace único. Cuando te encuentres obsesionándote con hacerlo todo perfecto, recuérdate que es solo una herramienta. Lo que cuenta es lo que estás construyendo con ella.

Al aceptar que no podemos ser perfectos
y que cometeremos errores,
podemos volver a ponernos a trabajar.

CAMBIO BUENO

¿Acaso la mejora o el desarrollo personal no buscan en última instancia la perfección? Depende del objetivo que te hayas puesto. En lugar de buscar la perfección o esforzarte por ser mejor que los demás, busca oportunidades para mejorar continuamente. Como dicen que escribió W. L. Sheldon: «Ser superior a tu compañero no tiene nada de noble, la auténtica nobleza consiste en ser superior a tu antiguo yo».

Para apreciar por completo el *wabi-sabi* como modelo de crecimiento personal, ayuda mirar un poco más de cerca la cultura en que se creó. Los japoneses tienen una larga tradición de elevar la artesanía a niveles místicos, ya sea la carpintería, el trabajo con el metal o incluso la envoltura de paquetes. Se centran mucho más en la maestría que en la perfección. La maestría, a diferencia de la perfección, acepta tanto la transitoriedad como la imperfección, porque es un proceso, un estado del ser, no un objetivo final. Es el resultado continuo de la mejora y el aprendizaje. El autor Malcolm Gladwell, citando a Daniel Levitin, describió la famosa regla de las 10000 horas, que dice que se requieren 10000 horas de práctica para convertirse en uno de los mejores del mundo de lo que sea.[55] Los aprendizajes japoneses pueden durar toda una vida.

La maestría sustituye la idea de perfección por la aspiración de mejorarnos mediante la dedicación y la práctica. Cuando se trata de habilidad, no puede haber un objetivo fijo. Incluso los grandes maestros no dejan nunca de ser alumnos insaciables. Su habilidad, como la nuestra, se desarrolla con el tiempo. Todos empezaron en algún momento y puede ser que sus primeros esfuerzos fueran tan torpes como los de cualquiera de nosotros.

Hazte pequeñas preguntas cada día. Encuentra algo en lo que puedas mejorar. Después, formula la respuesta como una tarea o un objetivo y regístralo en tu Bullet Journal. Cada tarea completada es experiencia ganada. Haz un seguimiento de tus progresos. Así será más sencillo pasar de verdad a la acción.

Cada acción es un paso adelante desde donde estás. Da igual lo pequeños que sean los pasos o que te caigas por el camino, lo que importa es seguir adelante.

IV

EL DOMINIO

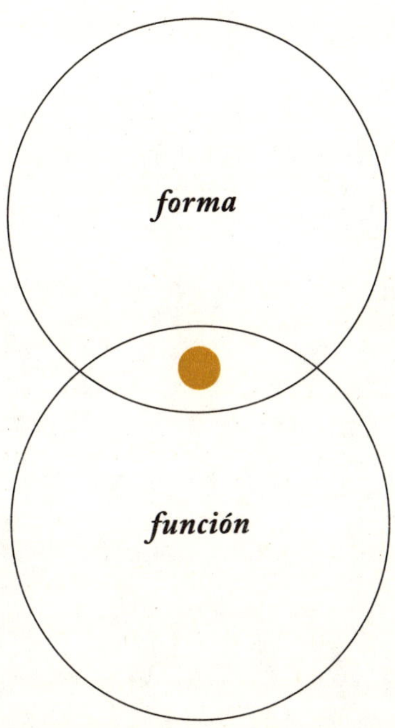

EL DOMINIO

Hace poco fui a una clase de *capoeira*. Para quienes no conozcan el término, la *capoeira* es un arte marcial inventada por los esclavos brasileños que ocultaban sus intenciones marciales con movimientos de danza que mezclan acrobacias, contorsionismo, cantos y la intensidad del tango. Al practicarlo, los luchadores se enroscan uno en el cuerpo del otro, a menudo desafiando la gravedad con sus giros y equilibrios sobre la cabeza. Los bailarines de *breakdance* y corredores de *parkour* que suben videos en YouTube suelen apropiarse generosamente de movimientos de *capoeira*. En resumen, es algo impresionante y desconcertante de observar y complicado de hacer, tanto mental como físicamente.

Avancé bajo un aguacero tropical para llegar al hangar con goteras donde tenía lugar la clase. Solo cuatro personas nos enfrentamos a la lluvia: servidor, otra alumna y dos maestros de *capoeira* que iban muy drogados. Farfullaron una presentación y nos preguntaron si teníamos experiencia. Mi compañera admitió que no había oído hablar de la *capoeira* hasta esa misma mañana. El dúo, no muy dinámico, se miró con incertidumbre y empezó a hacer lo que parecían vagos movimientos al azar. Mi compañera y yo nos quedamos allí de pie incómodos sin saber muy bien qué hacer.

Cuando, por fin, los instructores vieron que tenían que, bueno, enseñarnos algo, nos dijeron que imitáramos sus movimientos. Como no nos dieron ningún contexto, los movimientos parecían pues, bueno, ridículos. Si no sabes de qué va, muchos de los movimientos básicos recuerdan a un borracho entusiasmado buscando sus llaves por el suelo. Bueno, al menos eso es lo que parecía yo. No fue hasta el final de la clase, cuando los profesores se enfrentaron por fin el uno al otro uniendo todos los movimientos en una secuencia coherente y bonita, cuando las piezas por fin encajaron, literalmente. Resultó que habíamos aprendido mucho en las dos horas que habíamos pasado allí, pero no lo supimos hasta que unimos todas las piezas, en contexto.

Hasta ahora, hemos abordado muchos temas en este libro y hay un montón de piezas dando vueltas por ahí. A lo mejor te sientes un poco como yo en la clase de *capoeira*, miras algo y no tienes muy claro qué hacer con ello. Así que, a diferencia de ellos, quiero asegurarme de contextualizar cómo se unen el sistema y la práctica.

A lo mejor has oído antes esta frase: «Dale un pez a un hombre y lo alimentarás un día. Enseña al hombre a pescar y lo alimentarás de por vida». En el método Bullet Journal, el sistema es la caña. La práctica proporciona el sedal y el cebo. Son partes separadas que solo se pueden apreciar cuando las ves tomar forma. Una manera potente de experimentar esto y profundizar en la comprensión es aprender a personalizar y diseñar tus propias colecciones.

Diseñar tus colecciones te muestra cómo hacer tuyo el BuJo. En el proceso, pones en práctica todos los elementos que ha tratado hasta ahora este libro. Esto tiene una parte de organización, una parte de búsqueda espiritual y una parte de tejer sueños. Combinar conscientemente estos elementos nos permitirá convertir continuamente el Bullet Journal en una herramienta que nos ayudará a hacer mucho más que ordenar el caos. Aquí es donde de verdad podemos aprovechar la flexibilidad de la metodología para crear un camino que avance con intención.

Una cosa que hace que siempre vuelva al Bullet Journal, lo que hace que siga teniendo sentido después de todos estos años, es que sigue adaptándose a mis necesidades cambiantes. Tu Bullet Journal puede convertirse en lo que sea que tú necesites. Averiguar lo que necesitas que sea, cómo te puede servir mejor, forma parte de la práctica y cambiará con el tiempo.

En esta parte del libro, examinaremos cómo ir haciendo eso trabajando en un proyecto que precisa que consideremos distintos tipos de contenido. Esto nos permitirá explorar distintas maneras de usar el Bullet Journal para enfrentarnos a retos, deconstruirlos y diseñar fondos (o plantillas) personalizados que nos ayuden a organizar planes de acción.

Más que ser prescriptivos, estos capítulos sirven para destacar consideraciones que espero que te sean útiles a la hora de configurar tu propio Bullet Journal.

Advertencia

Por emocionante que pueda ser sumergirse en la personalización, si estás empezando con el método Bullet Journal, te sugiero que no te lances a implementar colecciones complejas hasta que te sientas cómodo con lo que has aprendido en las partes II y III. Te recomiendo al menos dos o tres meses de aplicación básica del método antes de empezar a experimentar con tus propias colecciones. Es importante sentirse cómodo con las funcionalidades del día a día de la metodología antes de empezar a aumentarla. Si estás empezando, esta sección está pensada para que te hagas una idea de cómo podrás expandir la funcionalidad de tu Bullet Journal cuando estés listo.

Cada herramienta y técnica que he explicado hasta ahora tiene un objetivo por sí mismo y como parte de un todo. El método Bullet Journal es un ecosistema de productividad con distintas técnicas y filosofías. Cada una de ellas contribuye a que el resto florezca. Antes de empezar a introducir nuevas especies, te pido que entiendas bien la población local. Una vez lo hagas, habrás mejorado las probabilidades de personalizar tu Bullet Journal para que dé fruto.

CONCEPTOS CLAVE

Amplía tu BuJo con colecciones personalizadas

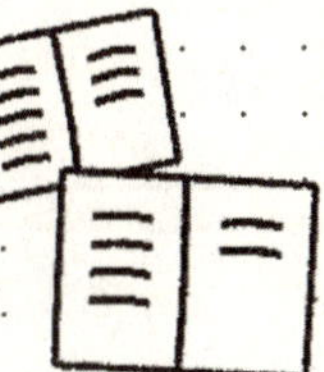

Tu Bullet Journal se puede convertir en lo que necesites que sea. Descubrir qué necesitas forma parte de la práctica. Una pauta simple es que...

Las colecciones personalizadas deben tener una finalidad

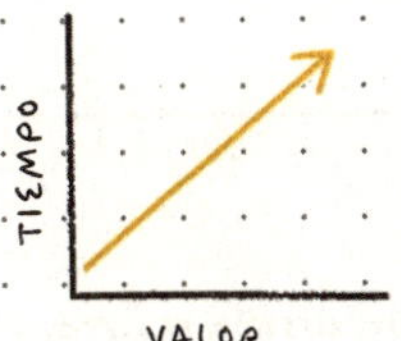

Asegúrate de que las colecciones que mantienes añadan valor a tu vida. La productividad consiste en invertir el tiempo cuidadosamente.
Si ves que te cuesta...

Define tus motivaciones

Antes de descubrir la mejor manera de hacer algo, ten claro por qué lo haces.

Examina tu esfuerzo

Cada colección es un intento de aprender. Es importante que examines tus colecciones, tanto las que funcionaron como las que no, para ver qué te puede servir para la próxima.

En el ciclo de iteración, ten en cuenta no solo en qué trabajas, sino cómo trabajas.

Menos, pero mejor

La función por encima de la forma

Tu libreta no tiene por qué ser bonita para ser valiosa. El diseño siempre debe tener una función. Si, además, resulta que es bonito, ¡genial! Siempre que no suponga un obstáculo.

VS

Un diseño resistente al paso del tiempo

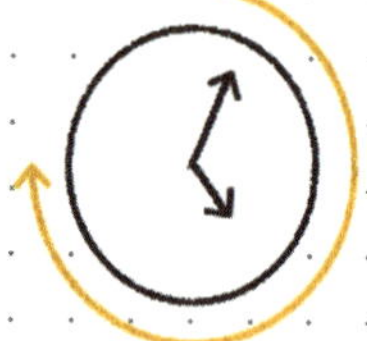

Tus libretas cuentan la historia de tu vida. Asegúrate de que tus diseños hagan que esa historia sea fácil de seguir, tanto hoy como en el futuro.

Comunidad

Uno de los recursos más valiosos del Bullet Journal es su comunidad, que ha aportado numerosos ejemplos y aplicaciones.
Si estás atascado o necesitas inspirarte, busca en tu red social favorita:

#bulletjournal o **#bujo**

Aprende a compartir, comparte para aprender

COLECCIONES PERSONALIZADAS

El contenido precede al diseño. El diseño en ausencia de contenido no es diseño, es decoración.

Jeffrey Zeldman

Las cuatro colecciones clave (índice, registro futuro, registro mensual y registro diario) del Bullet Journal sirven en la mayoría de los casos. Dicho esto, el método Bullet Journal acepta el hecho de que no existe una talla única. ¿Qué pasa si necesitas hacer un seguimiento de algo de una manera que no aparece en este libro? Ahí es donde entran las colecciones personalizadas.

Las colecciones personalizadas están diseñadas para cubrir necesidades concretas.

Pueden ser tan sencillas como una lista de la compra o tan complicadas como un proyecto a largo plazo. Crear colecciones personalizadas es un aspecto del método Bullet Journal creativo, divertido y que compensa porque nos empodera para resolver nuestros propios desafíos.

Mientras que el registro diario está pensado como un cajón de sastre, las colecciones personalizadas deben tener un objetivo concreto. ¡Evita la acumulación de contenido! Yo mismo he pecado de esto, he creado colecciones para apuntar las series de televisión que he visto, los restaurantes a los que he ido y otras minucias. Yo llamo a estas colecciones «cajones de trastos». No tiene nada de malo hacer un seguimiento de lo que haces en una colección, siempre y cuando tengas pensado hacer algo productivo con esa información. A una aspirante a cineasta le puede ir bien apuntar qué películas ve como parte de su educación: «¿Me estoy saturando con thrillers y no estoy viendo ninguna comedia?». Alguien que siempre acaba apeándose del ejercicio a lo mejor debería hacer un seguimiento de su ejercicio y de sus logros para visualizar y contribuir al progreso continuo o para detectar los puntos débiles. (¿Vacaciones? ¿La noche mensual de póquer? ¿Otra cita a ciegas que salió mal?) Las colecciones de trastos, en cambio, tienen una longevidad limitada, porque no aportan nada.

Si no hay nada que aprender de la información de una colección, esta aporta poco valor y es probable que te falte el incentivo necesario para mantenerla. No malgastes el tiempo haciendo colecciones que no aportarán valor a tu vida.

Tres fuentes clave de colecciones personalizadas

1. Objetivos

Los objetivos son importantes porque deberían contener una promesa de sentido y proporcionar una dirección y una finalidad. También tienden a ser complejos e implican muchas partes móviles. Las colecciones personalizadas nos pueden ayudar a dividir un objetivo en sus elementos, para que podamos abordarlos de uno en uno.

2. *Retos*

¿Hay algo en tu vida que sistemáticamente te enfada, te genera ansiedad, te agobia o despierta tus propias críticas? Una vez sepas cuál es el reto, crear una colección personalizada a medida para encargarse de él puede ser útil. Proporciona un espacio concreto que ayuda a juntar y aclarar los pensamientos para que puedas concentrarte en desarrollar una solución.

3. *Tareas*

Muchas colecciones empiezan como una sencilla tarea, como «• ¡Planificar las vacaciones!». Durante el transcurso de tus reflexiones diarias (página 144) puedes identificar tareas que alberguen un laberinto de otras tareas. La tarea «Planificar las vacaciones», por ejemplo, tiene muchas partes móviles. Si se queda como un elemento de acción singular, puede parecer apabullante y esto es un riesgo, porque podría convertirse en objeto de procrastinación y en una fuente de ansiedad. Planificar las vacaciones debería ser motivo de alegría y no de angustia. Así que elijamos esto para nuestro proyecto de colección personalizada.

Un breve comentario al margen sobre planificar vacaciones: hay estudios que sugieren que pensar en actividades divertidas que hemos planeado y que tendrán lugar en el futuro, como viajes, puede ser una forma eficaz de mejorar nuestro humor y sensación de bienestar.[56] No es tanto el viaje, sino pensar en él antes de hacerlo, lo que nos motiva y nos pone de buen humor. Esto es de ayuda especialmente cuando estamos atravesando épocas complicadas. Planificando, creamos un camino hacia una luz que brilla a lo lejos y vamos disfrutando de la luz a medida que nos acercamos.

Primeros pasos

Para empezar este proyecto, lo primero que hay que hacer es crear la primera colección. Así que vayamos a la siguiente página doble libre que tengamos y apuntemos el tema del proyecto: «Vacaciones en Hawái». Eso suena como una magnífica alternativa a Brooklyn, que, mientras escribo esto, está oculta bajo la nieve por otra tormenta del noreste... ni más ni menos que el primer día de primavera.

Lluvia de ideas

Me gusta empezar todos los proyectos en mi libreta usando las primeras páginas de la colección para hacer una lluvia de ideas. Estas páginas están dedicadas a capturar los pensamientos iniciales, da igual la forma en la que lleguen, sean palabras sueltas, imágenes, mapas mentales, etc. Esta página doble está para descargar ideas, emocionarse y ver si nos viene algo a la cabeza mediante la asociación libre.

Pero, a veces, estamos tan sumergidos en el día a día (tanto en lo que hacemos como en lo que pensamos) que este tipo de pensamiento creativo puede ser abrumador y nos puede costar saber por dónde empezar. Si es lo que te pasa a ti, sigue leyendo.

Examina tus motivaciones

Al crear una colección para un proyecto, ya sea escribir un libro, reformar el sótano o planificar las vacaciones, un buen punto de partida es examinar nuestra motivación. ¿Por qué estamos emprendiendo este proyecto? ¿Qué necesidad quiere cubrir? ¿Es para pasar más tiempo en familia? ¿Para relajarnos y refrescarnos haciendo surf o paseando por el bosque? Sea lo que sea, está bien. Nos lo preguntamos solamente para arrancar el engranaje de manera que podamos desenterrar la causa o el motivo subyacente.

¿Por qué es tan importante llegar a la causa subyacente? Porque la motivación no está aislada. Es el resultado de nuestro dolor, frustración o deseo. Sea cual sea el caso, tenemos que sacar esa causa a la superficie para asegurarnos de que nuestros esfuerzos van en la buena dirección. Al identificar las auténticas motivaciones, incrementamos el impacto potencial de nuestras acciones.

En otras palabras, entender por qué nos sentimos empujados a hacer algo nos permitirá definir mejor cómo hacerlo.

Como ya hemos dicho antes, nuestra primera oportunidad para aclarar nuestras intenciones llega al pararnos a considerar el nombre del tema que capture la esencia del proyecto. Sin embargo, a veces, necesitamos algo más de detalle. En esos casos puede ayudar escribir un pequeño enunciado de la misión para definir por qué estamos haciendo algo, qué esperamos obtener de la experiencia y cómo vamos a hacerlo. Incluso puedes usar este guion si te ayuda:

Quiero _____ [qué] para _____ [por qué] _____ [cómo].

En este caso, el enunciado de la misión podría ser:

Quiero irme de vacaciones para relajarme no estando en la oficina.

Ahora, aunque esta definición de misión no tiene nada de malo, indagar más profundamente puede ayudarnos a descubrir cómo puede conectar este viaje con algo importante para nosotros. Después de todo, no es necesario viajar para no estar en la oficina. ¿Qué es lo que nos emociona de este viaje? Podemos usar los cinco porqués (página 225) para ayudarnos.

1. ¿Por qué quieres irte de vacaciones? Para relajarme.
2. ¿Por qué? Porque el trabajo me estresa y me deprime.
3. ¿Por qué? Porque cada día es lo mismo y eso hace que me sienta solo.
4. ¿Por qué? Porque mi vida se limita a mi cubículo y mi sofá y no puedo ver a la gente que me importa.
5. ¿Por qué? Porque no me tomo el tiempo para hacer esas cosas.

Ahora que hemos identificado distintos puntos de dolor, podemos empezar a ponerles remedio. Empecemos por subrayar algunos temas clave que han aflorado: encierro, aburrimiento, depresión, soledad y culpa. Estas son posibles fuentes de motivación. El objetivo de estas vacaciones sería entonces aliviar esos puntos de dolor experimentando lo contrario: libertad, emoción, alegría, conexión y orgullo. Reformulemos nuestra declaración de misión para abordar estos deseos:

> Quiero irme de vacaciones para acordarme de para qué trabajo (orgullo) y lo voy a hacer pasando tiempo de calidad con gente a la que quiero (conexión) mientras nos divertimos (alegría) explorando juntos un destino tropical (libertad y emoción).

Este sencillo ejercicio no solo nos ha ayudado a descubrir nuestras prioridades en este viaje, sino también nos ha proporcionado cosas en las que pensar y que podremos abordar más adelante cuando estemos tranquilos y bronceados. Además, hay que tener en cuenta que esta técnica se puede aplicar a cualquier proyecto que elijamos. Por ejemplo:

> Quiero escribir un libro para enseñar a la gente cómo tener más poder sobre sus vidas compartiendo el conocimiento que considero valioso sobre vivir con intención.

O:

> Quiero estudiar enfermería para ayudar a la gente aprendiendo a aliviar las enfermedades y el sufrimiento.

No te cortes y crea tu propio guion. Solo tienes que asegurarte de ahondar en tu motivación y exponer lo que es más importante para ti de tu aventura. Más adelante, cuando estés en mitad del proceso, tu declaración de misión te ayudará a recordar cuáles son tus prioridades y te servirá como brújula cuando la necesites.

Escribir la declaración de misión también es una gran manera de «despertar la página». Este es el término que utilizo para describir el acto de marcar la página por primera vez. Es el momento en el que el pensamiento trasciende la distancia entre nuestro mundo interior y exterior e insuflamos vida a nuestras ideas. El principio puede ser lo más complicado. ¿Qué mejor manera hay de despertar la página que empezar por lo que quieres? No lo pienses demasiado, solo escribe lo que sientas. No es un contrato. Es una buena manera de darte un empujoncito para que cruces la línea de salida.

DISEÑO

Un diseñador sabe que ha alcanzado la perfección no cuando ya no le queda nada que añadir, sino cuando ya no le queda nada que quitar.

ANTOINE DE SAINT-EXUPÉRY

Si has buscado *Bullet Journal* o *BuJo* en internet, puede que hayas visto las elaboradas interpretaciones ilustradas creadas por la gente. Son preciosas; motivadoras para algunos, intimidantes para muchos otros. La gente da por sentado que no puede aplicar el método Bullet Journal porque no es artista o porque su letra es muy fea. Permítanme que acabe con esas preocupaciones. Lo único que importa en el método BuJo es el contenido, no la presentación. Si puedes hacer bien las dos cosas, me quito el sombrero. Pero la única habilidad artística que necesitas es la de hacer líneas horizontales. Si puedes hacer eso, ya lo tienes. Como dice el usuario del método Bullet Journal Timothy Collinson: «Mi Bullet Journal debe de ser el más plano y minimalista que puedas imaginar, no soy un artista y la buena caligrafía es para mí un sueño inalcanzable, pero puedo decir con sinceridad que me ha cambiado la vida».

El objetivo a la hora de diseñar nuestras colecciones es maximizar su funcionalidad, legibilidad y sostenibilidad. En este capítulo quiero ahondar en cada uno de estos aspectos y compartir algunas consideraciones que pueden ayudarte cuando vayas a diseñar las tuyas.

Funcionalidad

Dieter Rams, el diseñador industrial que firma algunas de las radios, máquinas de afeitar y otros electrodomésticos icónicos (algunos de los cuales se dice que inspiraron el iPod original), solía decir «wenniger aber besser», que podría traducirse como «menos, pero mejor». Es uno de los principios rectores del método Bullet Journal y se refleja en el diseño. La forma nunca debería ocultar la función. Destila tu diseño hasta dejarlo en lo esencial para poder concentrarte exclusivamente en lo que importa. Si crees que hacer que tu libreta sea más bonita es esencial para mantener tu motivación y productividad, entonces hazlo. Solo recuerda una cosa: las colecciones son herramientas para ayudarte a progresar hacia tus objetivos, no para interponerse en su camino.

Las colecciones siempre deberían priorizar la función por encima de la forma. Lo que importa es qué tan bien contribuye una colección a ejecutar su objetivo subyacente.

Esto no es cierto únicamente para el diseño de plantillas, sino también para la información que contienen, como pesos, horas, distancias, nombres, sucesos, etc. El seguimiento de hábitos es un ejemplo de colección diseñada para crear nuevos comportamientos anotando los progresos en temas como la lectura, la meditación, el ejercicio, el consumo de agua, etc. Como hay muchas cosas que podríamos mejorar, existe la tentación de pasarse de entusiasta al principio y querer abarcar mucho en poco tiempo. Intenta evitar hacer un seguimiento de seis hábitos al mismo tiempo. Puede convertirse rápidamente en algo abrumador, molesto y desmotivador. Te costará mucho tiempo mantenerlo y la probabilidad de fracasar a la hora de crear media docena de hábitos nuevos al mismo tiempo es alta. Haz únicamente el seguimiento de los hábitos que sean más importantes para ti en este momento. Con tranquilidad. Sé selectivo. Como sugiere Herr Rams: Empieza con menos, pero hazlo mejor. Siempre puedes añadir más luego. Haz que el contenido de las colecciones se centre en tus prioridades.

Otra buena manera de medir la funcionalidad de una colección es si aguanta el paso del tiempo. Una colección bien diseñada seguirá siendo informativa mucho después de haber cumplido su función. Creé un montón de colecciones que tuvieron sentido en su momento, pero, al volver a ellas, no pude seguir la línea de mi pensamiento. Un buen ejercicio para asegurar la longevidad de un diseño es hacer las plantillas de manera que un desconocido pudiera entender fácilmente lo que está viendo. No me malinterpretes, ¡no estoy sugiriendo enseñar el diario a nadie! Solo es que quizá, algún día, nuestro yo futuro querrá volver a usar cierta colección que funcionó, así que pongámoselo lo más fácil posible a la hora de recordar cómo y por qué funcionó.

Tus colecciones deberían ser tan útiles para ti en retrospectiva como lo son en el momento.

En cada iteración, tus plantillas deberían ser escrutadas. ¿Qué funcionó? ¿Qué no? ¿Qué pequeña cosa puedo cambiar para que esto funcione mejor para mí? Mantener las plantillas austeras hace más fácil identificar oportunidades de mejoras funcionales. Que sean sencillas. Que sean concretas. Que sean relevantes.

Legibilidad

Nuestra caligrafía es una forma de expresión personal excepcionalmente reveladora que, a menudo, refleja nuestro estado interior. Crece con la alegría y se deteriora con el estrés, a veces hasta tal punto que se vuelve difícil de descifrar. Quizá nunca fue fantástica. Damos por sentado que tenemos lo que tenemos, pero incluso algo tan arraigado como nuestra letra puede mejorar si le prestamos un poco de atención.

Si tienes problemas de legibilidad, intenta experimentar con distintos tipos de letra y materiales de escritura. Puede que te sorprenda lo bien que responde tu escritura incluso a los cambios más sutiles. Por ejemplo, yo descubrí que escribir solo en mayúsculas con bolígrafos de punta fina me resolvía dos problemas de legibilidad: me obligaba a ser más deliberado al trazar las letras y más económico al elegir las palabras. Aunque al principio era incómodo, este cambio intencional terminó por indultar muchas ideas aceptables que antes habrían estado condenadas a mis jeroglíficos de letra ligada.

Úsalo como excusa para aventurarte un poco en el mundo de la pluma y la tinta. Tiene una gran elegancia, solera e historia y aplicarás cientos de años de sabiduría sobre cómo depositar la tinta sobre el papel. De la pluma estilográfica a los rotuladores, hay mucho que explorar. Seguramente encontrarás algo que te ayude a mejorar tus habilidades o, por lo menos, a apreciar más la escritura a mano. Solo ten cuidado de no dejar que tu búsqueda del bolígrafo o el papel perfecto se interponga en el camino de escribir. El bolígrafo no es una varita, solo es una herramienta. Tú eres el que confiere magia a la página.

La legibilidad no solo incumbe a lo que escribimos, sino también a lo que no. Claude Debussy dijo una vez que la música era el espacio entre las notas.[57] En diseño gráfico se refieren a ese espacio con gran originalidad como «espacio en blanco». No es algo que se añada al final, es un elemento que se busca y se utiliza para incrementar la concentración, la estructura y la claridad. Deja un poco de aire a tus diseños para que respiren. Para hacer que tus plantillas sean legibles, deberían alejarse de la densidad. Juega con la escala, añade espacio o márgenes al texto, las celdas de las tablas o los elementos de las listas. A veces eso implica que en la página quepan menos cosas. No pasa nada. Cómo organicemos la información aumentará mucho la legibilidad, la comprensión y nuestra cordura. Solo hacemos sitio para lo que importa.

Sostenibilidad

Mantener una colección demanda tiempo y energía, así que es importante asegurarse de que vale la pena el esfuerzo. Todas las colecciones de las que he hablado hasta ahora eran una solución para un reto en concreto. El índice (página 111) es el resultado de la frustración por no ser capaz de localizar determinados contenidos en mi libreta. El registro mensual (página 103) fue la respuesta al deseo de tener un resumen de responsabilidades y tiempo. Estas colecciones y otras han demostrado su valor una y otra vez y se han ganado fácilmente la atención requerida para mantenerlas.

Hay que asegurarse de que mantener determinada colección no sea una carga. La mayoría de los relatos de personas que se han bajado del tren del Bullet Journal proceden de gente que pasaba demasiado tiempo decorando las páginas. La decoración no tiene nada de malo, excepto si se convierte en un lastre. Eso significa que no hay equilibrio; si sientes que la recompensa no vale el esfuerzo invertido, simplifica.

La buena noticia es que, de manera natural, podrás deshacerte de las colecciones insostenibles durante las migraciones mensuales o anuales. Si no has mantenido al día determinada colección, sabrás que no está aportando mucho valor a tu vida. No pasa nada si la dejas. No es un fracaso, es una valiosa lección que puede ser aplicada a futuros diseños de plantilla. Tienes que aprender por qué algo no funciona para poder diseñar algo que sí lo haga. Pero asegúrate de que ni la frustración ni el enfado te roben esa oportunidad.

Una parte clave del método Bullet Journal es aprender qué despierta tu curiosidad y qué te atrae de manera natural. Evaluar tus colecciones durante la migración revela enseguida qué tipo de cosas atraen tu atención y qué otras te cuestan. Puedes aprender muchas cosas solo viendo con qué frecuencia actualizas determinada colección. Esto no es solo cierto en el caso de tus acciones, sino también para cómo organizas tus pensamientos. Con el tiempo, comprenderás qué plantillas te ayudan a pensar con más claridad, a concentrarte más y te permiten progresar con sentido. No solo estarás siendo más intencional con respecto a lo que estás haciendo, sino también cómo lo haces. Así es como el Bullet Journal te ayuda a aprender a diseñar tus propias herramientas para la mejora continua.

PLANIFICACIÓN

¡Si fracasas en la planificación,
estás planificando un fracaso!

BENJAMIN FRANKLIN

No puedes planificar cómo evitar el fracaso, pero puedes incrementar mucho las posibilidades de éxito haciendo algo de trabajo antes de sumergirte en el proyecto. Ya sea planificar un viaje a Hawái, el relanzamiento de una página web o una presentación, te asegurarás el mejor uso de tu tiempo y recursos si te paras un momento a definir cuáles son los parámetros y variables antes de pensar en cómo estructurar un plan de acción.

Los cocineros profesionales preparan y disponen sus ingredientes mucho antes de empezar a preparar los platos. Las verduras están cortadas, las guarniciones picadas y las superficies limpias. Esto se conoce como *mise en place* o *mise,* que en francés significa «poner en su sitio». Esta práctica permite al cocinero concentrarse en lo importante: hacer la comida. En tu Bullet Journal, el chef eres tú.

Las colecciones, como las comidas, son la suma de sus partes. Para poder diseñar una colección con sentido, necesitas definir los «ingredientes» con los que tienes que trabajar. Dependiendo de en lo que estés trabajando, estos ingredientes toman la forma de valores como sesiones, peso, distancia, etc. Tu colección será diseñada para almacenar con claridad y orden estos valores.

Vamos a aplicar esto a tu colección «Vacaciones en Hawái». Al hacer la lluvia de ideas identificaremos distintos tipos de información que tiene que ser ordenada. Lo haremos planteándonos pequeñas preguntas como: ¿Dónde quiero ir? ¿Qué quiero hacer? ¿Cuándo quiero ir? ¿Qué presupuesto tengo? Podemos utilizar estas preguntas para definir categorías como Destinos, Actividades, Tiempo y Presupuesto. Justo después de la doble página de lluvia de ideas, haz una lista de estas categorías, junto con sus consideraciones, para poder empezar a estructurar el marco de tu proyecto (página 262).

Ahora tenemos la lista de todas las cosas que debemos tener en consideración. Podemos crear subcolecciones en nuestro Bullet Journal para ocuparnos de cada una individualmente. Empecemos con «Destinos», porque será la que requiera que investiguemos más.

Investigación

Todos los proyectos están llenos de incertidumbres, pero si haces los deberes te será mucho más fácil superar una de las fases más complicadas de cualquier empresa: empezar. En primer lugar, te facilitará entrar en el proyecto sencillamente porque el paisaje te resultará familiar. Cuanto más conscientes somos de lo que podemos esperar, menos vueltas damos al llegar. Esto puede parecer una obviedad, pero mucha gente empieza sus grandes proyectos con gestos dramáticos o proclamaciones, pero sin tener ni idea de a qué se enfrentan. Aunque el esfuerzo pueda ser admirable, también es posible que tenga una corta vida y acabe sucumbiendo ante problemas completamente evitables.

Digamos que queremos hacernos vegetarianos. Con un poco de

VACACIONES EN HAWÁI

DECLARACIÓN DE MISIÓN

«Quiero irme de vacaciones para recordarme para qué trabajo y lo voy a hacer pasando tiempo de calidad con gente a la que quiero mientras nos divertimos explorando juntos un destino tropical.»

DESTINOS

- ¿A dónde quiero ir en Hawái?

ACTIVIDADES

- ¿Qué quiero hacer?
- ¿Qué les gusta hacer a mis compañeros de viaje?

TIEMPO

- Días de vacaciones disponibles
- Duración del vuelo
- Desplazamientos locales
- Duración de las actividades

PRESUPUESTO

- Vuelo
- Alquiler de coche
- Alojamiento
- Gasolina
- Comida
- Actividades

investigación y planificación sabremos con qué tenemos que llenar el refrigerador y cómo preparar, por ejemplo, una semana de deliciosas comidas para empezar. Así no llegaremos al día uno de nuestra nueva vida con el refrigerador vacío, el estómago vacío y el plato vacío, a no ser que las grandes cantidades de frustración, desaliento y agobio cuenten, sensaciones que acompañarás con una hamburguesa de la vergüenza. Como ya dijimos, el agobio puede agotar rápidamente nuestra motivación y emoción. Podemos mitigar esto buscando información de las cosas antes de empezar.

Por otro lado, hay que ser cuidadosos y no dejarnos arrastrar por el agujero negro de la investigación. Saber lo que nos espera puede ser divertido y parecer productivo, pero, para algunos, se convierte en una manera de evitar ponerse manos a la obra. Cuanto más investiguemos, más opciones surgirán, lo que también puede resultar agobiante. Queremos evitar la infame «parálisis por análisis». Tenemos que investigar, pero también tenemos que hacer progresos. ¿Cómo hacemos las dos cosas en las proporciones adecuadas? Aquí es donde entra en juego la parcelación de tiempo (página 189).

La parcelación de tiempo proporcionará un inicio y un final a nuestras sesiones de investigación, lo que nos proporciona el espacio estructurado que necesitamos para explorar. A algunas personas les gusta ponerse una alarma durante las sesiones de investigación para ayudarse a concentrarse y evitar ser absorbidos por el agujero negro de internet.

Cuando estamos decidiendo la parcela de tiempo, también es bueno limitar el número total de sesiones disponibles. Por ejemplo, al planificar el viaje a Hawái, una de las primeras tareas es investigar las distintas islas para saber a cuál queremos viajar. Cada isla ofrece un montón de cosas distintas que explorar. Para evitar que la investigación se convierta en una forma de distracción, programa, por ejemplo, dos sesiones de 30 minutos de investigación por isla y márcalas en tu calendario. Si necesitas más tiempo, no pasa nada, sencillamente controla la investigación para que las sesiones sean productivas y finitas.

La primera cosa que tienes que hacer durante la sesión de investigación inicial es crear la subcolección «Destinos». En la primera página haremos una lista con todas las islas entre las que hay que elegir para poder consultarla. Cada página siguiente se centrará en una isla en concreto y haremos una lista de las actividades que conllevaría una visita a esa isla. ¿Espectaculares travesías por un volcán? ¿Surf? ¿Pueblos en los que perderse? Por ahora no pienses en el cómo (¿Cómo me voy a permitir esto? ¿Cómo voy a llegar? ¿Dónde me voy a alojar?), llegaremos a eso enseguida. En primer lugar, céntrate en qué se ajusta mejor a tu enunciado de misión, el motivo de este viaje.

Del mismo modo que los movimientos de *capoeira* de los profesores que mencioné antes tenían poco sentido sin contexto, lo mismo sucedería si pasáramos a la acción sin planificar. Sin un plan, la acción tiende a tener como resultado un malgasto de movimiento, energía y tiempo, que suele culminar en la decepción del fracaso. Sí, ya sé que nuestro proyecto de ejemplo «solo» son unas vacaciones, pero también son una preciosa inversión de tiempo, energía y dinero ganado con mucho esfuerzo. ¿Por qué no aprovecharlas al máximo?

LISTAS

Como trabajamos con distintos tipos de datos en nuestro proyecto de vacaciones (fechas, horas, dinero, etc.), podemos optimizar cada tipo de contenido personalizando las plantillas para que se adapten mejor a su función. Tu presupuesto y tu itinerario tienen dos objetivos distintos, así que ¿por qué deberían tener el mismo diseño?

La plantilla más básica es la lista. Las listas proporcionan una forma efectiva y práctica de organizar contenido y son fáciles de crear. Nos permiten capturar información rápidamente porque nos animan a que las entradas sean cortas y vayan al grano. Pocas convenciones de diseño pueden hacer tanto con tan poco. Por eso la lista es el patrón de diseño principal del Bullet Journal.

Echemos un vistazo a la lista en que detallamos todas las actividades divertidas que encontramos investigando sobre Mauna Kea, una de las islas de Hawái (página 266). En un mundo ideal, tendríamos tiempo de disfrutar de todo lo que sale en la lista, pero, ¡vaya!, no es así. Las listas se pueden hinchar rápidamente y volverse agobiantes, así que, en este capítulo, exploraremos algunas formas rápidas de organizar nuestras listas para que no pierdan de vista lo importante y sean manejables.

MAUNA KEA

* Piscinas Emerald
Campos de lava
* Bosque volcánico
Playa Wild Stingray
* Mercado nocturno
Escuela de yoga Moonoa
~~Playa de arena negra~~
Playa de arena verde
Playa Turtle
Playa Volcano

Priorizar

Cuando hacemos el borrador de una lista, como el de las vacaciones, nos limitamos a recopilar datos: esto suena divertido o esto suena importante, etcétera. Nos quedamos en la parte de capturar, lo que está bien siempre que la lista tenga una razón de ser. Una vez la lista está más o menos completa, llega el momento de tomar distancia y pensar. ¿Qué elementos nos emocionan? ¿Cuáles no? Pon cada elemento en una balanza mental y da un primer paso usando la viñeta «*» para priorizar los elementos por los que te sientes más atraído o son los más sensatos y tacha aquellos por los que sientas indiferencia. No estamos aquí para diseñar una vida mediocre.

Por último, suele haber un elemento humano que hay que tener en cuenta a la hora de priorizar. En ese caso, si viajamos con otros, una buena manera de empezar a seleccionar cosas de la lista es teniendo en cuenta alergias, gustos, fobias, etc., de nuestros compañeros de viaje. No se trata necesariamente de sacrificar lo que queramos hacer, pero puede decantar rápidamente la balanza en los casos en los que no sabemos qué decidir: ¿playa de arena negra o verde? ¿Todo el mundo ha visto ya la negra? ¡Pues a la verde!

Contexto

En el ejemplo anterior, verás la lista de todas las cosas emocionantes que parecen divertidas en Mauna Kea, en nuestras hipotéticas vacaciones en Hawái. Ese es un buen comienzo, pero esa lista no proporciona mucho contexto. Es como ir a un restaurante en el que todo el menú luce riquísimo. No es hasta ver los precios, los ingredientes y las calorías cuando reducimos nuestras opciones. El contexto proporciona información que nos ayuda a priorizar. Para ello, vamos a añadir algunos parámetros a nuestra lista que nos ayudarán a que nos sea más fácil tomar decisiones añadiendo algo de contexto: ubicación, tiempo y precio.

Añadí la columna tiempo «T» para no presentarme en un sitio y descubrir que cierra los miércoles porque Big Sammy, el propietario, en su infinita sabiduría decidió que: «Los miércoles no se trabaja». Esto pasa. Anotar los horarios de apertura y cierre también proporciona contexto para planificar los días.

Anoté la ubicación (en la columna «U») con una «N» para el norte, «S» para el sur, «E» para el este, «O» para el oeste y «C» para el centro. Me ayuda a entender por encima dónde están mis centros de interés en relación unos con otros, de manera que puedo tomar mejores decisiones sobre los trayectos y alojamientos más eficientes. (No sé tú, pero yo prefiero pasar más tiempo en los sitios que yendo a ellos.) Anotar la ubicación también proporciona un menú de opciones cercanas de emergencia, por si una actividad no sale bien.

La columna del precio «$» se explica sola. Incluir los precios de los servicios es clave para poder ajustar la lista una vez determinemos nuestro presupuesto. Para que quede claro, solo porque algo sea caro no quiere decir que tenga que salir de la lista. Solo es información que podremos usar más adelante para que nos ayude a facilitar nuestras decisiones.

Mauna Kea	T	U	$
* Piscinas Emerald	Mi / 9.00 – 16.00	N	124
Campos de lava	Mi / 11.00 – 18.00	S	65
* Bosque volcánico	Varios	O	32
Playa Wild Stingray		NE	10/hr
Playa Turtle	Ma-Ju / 8.00 – 16.00	O	
* Mercado nocturno		SO	
Escuela de yoga Moonoa		O	
~~Playa de arena negra~~		E	
Playa de arena verde		NO	
Alquiler de tablas de surf		O	
Alquiler de tablas de surf 2		O	

Invariablemente, un montón de opciones de nuestra lista se quedarán, de momento, porque parecen divertidas. Eso está bien. A medida que avancemos por nuestra planificación, revisitaremos las listas y filtraremos los elementos según nuevas consideraciones que afloren en otras colecciones que configuraremos más adelante. Como sucede con todas las colecciones clave, las colecciones personalizadas pueden influenciarse unas a otras. Para entender mejor esto, crearemos colecciones para nuestro itinerario y presupuesto.

HORARIOS

El tiempo es un factor crítico en cualquier proyecto, incluso (¡especialmente!) en los viajes. Así que, con nuestra lista de actividades hecha, el siguiente paso es contextualizarla en términos de tiempo. Para eso necesitaremos una colección diseñada con ese objetivo, como un itinerario. Existe la posibilidad de que ya hayas creado algún itinerario. Si es así, revisita a tu viejo amigo y recuerda. Estúdialo y reflexiona sobre si el diseño y la experiencia que contenía te funcionaron bien.

¿Qué aprendiste? ¿Tiendes demasiado al optimismo y sobrecargas los días? ¿Acabaste estresado o exhausto? ¿O te colgaste un poquito y descubriste que había museos que no conocías y para los que no habías reservado tiempo, restaurantes donde el *maître* te informó amablemente de que las mesas se reservaban con semanas de antelación y preciosas escapadas de un día que ni siquiera sabías que se podían hacer? Esto no se trata de vivir en el pasado, sino de aplicar lo aprendido para mejorar las posibilidades de tener una buena experiencia. ¿Qué harías diferente esta vez?

Empieza pensando cuándo ir. Rara vez existe un momento perfecto para algo, pero no permitas que eso te sirva de excusa. Sé práctico. La idea es disponer de la mayor cantidad de tiempo posible. Si trabajas en una oficina, la mejor manera de organizar un viaje es buscar puentes y festivos para no sacrificar muchos días de vacaciones.

Una vez sepas cuáles van a ser tus fechas de viaje, puedes empezar a diseñar la plantilla de horario. Esta es una de las pocas veces en que yo uso tanto un lápiz como un bolígrafo para diseñar una colección. Hay que tomar un montón de decisiones y existe la posibilidad de tener que ir actualizando cosas a medida que las hacemos. Piensa siempre en el uso al hacer el diseño. Si estás trabajando en una colección diseñada para ordenar secuencias, como actividades, asegúrate de utilizar herramientas que te den la flexibilidad necesaria.

1. Para configurar mi plantilla, consideré relevantes las variables: dónde, cuándo y qué (página 273). La primera columna se encarga del dónde. Como iremos saltando de isla, es bastante importante saber dónde estamos cada día. En este ejemplo, la primera columna indica la ubicación con el código del aeropuerto y el número de página de la subcolección correspondiente a esa isla. Hice un hilo a ese destino en la subcolección para poder tener una alternativa rápida si algo de la lista no sale bien. El texto está orientado en vertical para aportar cierta fricción visual y que sea más fácil de ver una vez añadidas las fechas. También verás que la columna ubicación rompe la barrera entre días. Esto ayuda a ver la transición entre ubicaciones, de modo que es más fácil ver los días de viaje. Además, la columna de ubicación se extiende al día siguiente a distintas alturas. La altura del corte indica más o menos a qué hora del día es el vuelo.

2. La siguiente columna lista los «cuándo» poniendo las fechas del viaje en el margen izquierdo en orden cronológico. Para añadir legibilidad, las fechas y el día de la semana tienen más espacio para que sean fáciles de encontrar de un vistazo.

ITINERARIO HAWÁI

HNL / 11	25 MA	9.00	Llegada al Hotel Reef
			Ciudad y playa
		15.00	Clase de kundalini yoga
		19.30	Cena en The Rum Barrel
	26 MI	11.30	Salida del hotel
		16.00	Vuelo a Mauna Kea
		17.30	Clase de capoeira
		20.00-22.00	Submarinismo
MUE / 12	27 JU		¡Día en la playa Emerald!
		15.00	Clase de surf
		19.30	Cena en The Secret Garden
	28 VI	9.00	Clase de yoga
			Campos de lava
		15.00	Comida en Surf House
		19.30	Mercado nocturno
	29 SA	9.00	Salida del hotel
		11.00	Vuelo a HNL
		19.30	Cena en Sushi Kona
HNL / 11	30 DO	9.00	Salida del hotel
		11.00	Vuelo a HO
		15.00	Cena en Jimmies

1. 2. 3.

3. Con las fechas y la ubicación en su sitio, lo único que falta es poner las actividades. Los elementos de la parte de arriba de la casilla están programados por la mañana y cada elemento sucede más tarde en el día que el anterior. Como algunas actividades se tienen que reservar con antelación, estas van precedidas de una hora. Nos ayuda a ubicar el resto de las actividades de nuestra subcolección «Destinos» adecuadamente.

Puedes pensar que es todo muy elaborado. A lo mejor tu forma de planificar un viaje es más del estilo «tirar un dardo a un mapa». De nuevo, esto es solo un ejemplo rápido para ilustrar las consideraciones que surgen al hacer y relacionar entre ellas tus colecciones, al margen de su aplicación. Este viaje lo haces tú, pero a veces ayuda ver cómo se hace un mapa antes de dibujar uno.

SEGUIMIENTO

No se puede manejar lo que no se puede medir.

PETER DRUCKER

Un tipo de colección personalizada muy habitual en los Bullet Journals es la de seguimiento. Este tipo de colección puede tomar la forma que quieras. He visto ilustraciones de estanterías con todos los libros leídos por ese usuario o palomitas de maíz para hacer un seguimiento de las películas que alguien había visto. Aunque estas listas inyectan personalidad y fantasía en las colecciones, el objetivo subyacente en la mayoría de las colecciones de seguimiento que funcionan es ver un progreso hacia un objetivo determinado.

Estas colecciones son un gran ejemplo de cómo podemos tomar grandes objetivos y deconstruirlos en pasos más pequeños y realizables. Esto convierte empresas potencialmente intimidantes en más manejables y nos ancla a la realidad. Nuestros recuerdos y lo que de verdad pasó no suelen llevarse muy bien. Tener un lugar en el que registrar y hacer un seguimiento objetivo de nuestro progreso puede ayudarnos mucho a ir por buen camino.

En nuestro caso vamos a crear una sencilla colección de seguimiento de presupuesto que tendrá dos objetivos. En primer lugar, nos permitirá agrupar nuestras prioridades en una sola página para poder ver cuánto nos va a costar el viaje. En segundo lugar, podremos seguir visualmente nuestros progresos para poder permitirnos esas actividades.

Aquí proporciono un ejemplo básico de seguimiento de presupuesto. La plantilla está dividida en tres columnas principales. La primera lista las actividades. La segunda se centra en el coste; proporciona el precio de una actividad y cuánto tenemos que ahorrar cada mes. La tercera es la verdadera columna de seguimiento. Aquí los costes están divididos en los meses anteriores al viaje. Así podemos ver rápidamente cuánto hay que ahorrar cada mes, así como hacer un seguimiento del progreso hacia el objetivo. Si hay un mes que no llego, puedo marcar la cantidad en la casilla correspondiente. Esto nos permite hacer un balance global rápido si fuera necesario.

En la parte inferior de la plantilla, verás que hay un total. Al lado, verás que volví a poner los meses. Esto me facilita consultar la columna a simple vista. Verás que ponemos una «+» cuando cumplimos el presupuesto y un «-» cuando no llegamos.

Esta plantilla proporciona una buena supervisión de la parte económica del viaje. Y lo hace dejando margen para el error. Hay cosas que pasan y puede que algún mes no tengas el dinero suficiente. Es muy importante tenerlo en cuenta. Cuando lo tienes en la cabeza, es fácil perder de vista cuánto progresas —o dejas de progresar—. Con este seguimiento tendrás una imagen clara de en qué punto te encuentras realmente respecto a donde quieres estar.

Usar las colecciones para crear contexto

El seguimiento específico puede usarse en combinación con el registro diario para obtener aún más contexto. Lo primero ayuda a medir mientras que lo segundo proporciona información muy necesaria.

PRESUPUESTO DE HAWÁI

ACTIVIDAD	Total / Mes	4	5	6	7	8	9	10	11
Boletos a Hawái	1200/150	x	x	x	x	x	x	50	x
Boletos a Mauna Kea	120/15	15	x	x	x	x	x	x	x
Boleto a Honolulu	140/17	x	18	x	x	x	x	x	x
Hotel de Honolulu	360/45	x	x	x	x	x	x	x	x
Hotel de Mauna Kea	235/29	30	x	x	x	x	x	x	x
Clases de surf	100/13	x	x	x	x	x	x	x	x
Campos de lava	25/3	x	x	x	x	x	x	x	x
Submarinismo	100/13	x	x	45	x	x	x	x	x
Presupuesto para comida	350/44	x	44	x	x	x	x	x	x
Gasolina	100/13	x	x	x	x	x	x	x	x
Otros	500/62	x	x	x	x	65	x	x	x
TOTAL	3.230/404	4	5	6	7	8	9	10	11
	+						217		50
	-	45	62	45	0	65	0	50	0

¿No fui al gimnasio por vagancia, porque estaba enfermo o porque estaba triste? ¿Qué circunstancias me permitieron o me impidieron progresar?

Aunque progresar es claramente deseable, no debería ser nuestra única preocupación. Concentrarse únicamente en el resultado tiende a hacer que no prestemos atención a información valiosa que surge durante el proceso en sí. Yo diría que el seguimiento tiene más que ver con cultivar la autoconsciencia que con progresar.

Para poder hacer auténticos progresos hay que entender los efectos de nuestros esfuerzos. Hay que entender no solo qué funciona y qué no, sino también por qué. Perder 5 kilos es maravilloso, pero saber que no tuvo nada que ver con ir al gimnasio y todo con la dieta es mucho más valioso. Puede que la correlación no sea siempre tan directa, pero, si hacemos seguimientos, podremos encontrar patrones. Eso es lo importante: ser conscientes de la causa y el efecto. Cuanto más sepamos, más efectivos podremos ser y más progresaremos.

PERSONALIZACIÓN

Mientras que las colecciones personalizadas tienen el importante objetivo de ayudar a tu Bullet Journal a ser un reflejo de nosotros en toda nuestra infinita variedad, es importante recordar que no siempre debemos reinventar la rueda para cada empresa. A menudo, las colecciones clave pueden personalizarse para adaptarse a nuestra situación actual.

Cuando estás en casa, por ejemplo, es posible que tu registro diario esté en modo trabajo, centrado principalmente en capturar tareas y organizar tus responsabilidades. Sin embargo, cuando viajas, te pones en modo vacaciones y no usas tu registro diario centrándote en las tareas —al menos, no deberías, ¡estás de vacaciones!—. Viajar rompe nuestra rutina y nos expone a cosas nuevas. Pueden aparecer todo tipo de pensamientos que nos puede costar entender, ya sea con la cabeza o con el corazón. Una forma de calmar un pensamiento es sacarlo de la cabeza escribiendo sobre él.

Registros extensos

Los beneficios de escribir un diario tradicional están bien documentados, especialmente cuando hablamos de combatir la ansiedad o reducir el estrés. Si estás leyendo este libro, es probable que hayas probado algún tipo de diario más tradicional, ya sea la escritura expresiva o el diario matinal, en algún momento de tu vida. A lo mejor aún mantienes ese hábito. A menudo me preguntan cómo encaja eso con el método Bullet Journal, así que vamos a ver cómo podemos personalizar nuestro registro diario para capturar pensamientos rápidamente y facilitar los registros extensos.

Cuando te sientes con tu Bullet Journal durante la reflexión diaria en el hotel, o en la playa, apunta cualquier pensamiento grande, interesante o pesado como harías con cualquier otra nota. Pero no es una nota cualquiera, ¿no? Te está distrayendo y no te deja en paz. Solicita más tiempo y atención y tiene que ser desarrollado y examinado. Si este es el caso, lo único que tienes que hacer es convertir el guion de nota «-» en un signo más «+». Así podrás revisar rápidamente tus notas y localizar el pensamiento específico sobre el que quieres escribir para explorarlo a fondo. Al hacerlo, tómate todo el espacio que necesites para pensar. Después de todo, para eso está tu Bullet Journal. No hay presión para que esto se convierta en algo habitual. Solo debes saber que es una herramienta útil que puedes tener a tu disposición cuando lo necesites.

20.12.LU

- o Fuimos a la playa verde
- – Vimos pasar aviones caza
- o Clase de yoga
  - – Nada en forma
  - – Me estresé mucho
- **+ Linda tiene que creérselo más**
- • Reservar en Lazlo
- • Comprar más loción bronceadora

Linda

Me he percatado de que últimamente linda se está volviendo mucho más dura consigo misma de lo normal, aunque las cosas le van bien. El ascenso, su nueva pareja, etc. Parece mucho más determinada que nunca.
¿Es porque está haciendo cosas por sí misma? ¿Es una manifestación del síndrome del impostor? Sea lo que sea, me preocupa que se queme. Me preocupa que, de hecho, las cosas no le vayan tan bien como ella dice. Mientras que antes hacía todo lo posible para «disfrutar del momento», ahora se limita a tirar adelante sin reconocer de verdad lo mucho mejor que está con respecto a hace un año...

21.12.MA

- o Vi delfines
- – Me quemé mucho con el sol
- • Encontrar un momento para hablar con Linda
- • Llamar para preguntar por el autobús al mercado nocturno.

Si quieres, crea una tarea a partir de tu entrada extensa

Seguimiento de hábitos

Otro ejemplo de personalización de una colección existente es la integración del seguimiento de un hábito en el registro mensual. Este sencillo añadido hace más fácil realizar el seguimiento de hábitos que estás intentando adquirir o eliminar. Digamos que quieres anotar cuántas veces cocinas, lees y vas al gimnasio al mes. Debajo de las fechas, yo añado una pequeña leyenda (página 283): C = cocinar, L = leer, G = gimnasio (esto es para que mi yo del futuro sepa de qué estaba haciendo el seguimiento cuando revise esta libreta más adelante). En el margen derecho de la página hago tres columnas: C, L, G. Ten en cuenta que esas columnas tienen que estar alineadas con los días del mes, para que puedan sumarse a la plantilla existente. Después añado bullets de tarea en las casillas, de manera que puedo tacharlas con una «X» cuando las llevo a cabo. Este seguimiento me facilita mucho ver si he sido diligente. De nuevo, es un añadido sutil, pero suma mucha funcionalidad.

Hay gente que añade información sobre el clima al registro diario; otros, frases positivas. No dudes en hacer ajustes en cualquier cosa de las que te he enseñado. Como siempre, haz lo que te funcione a ti.

Que quede claro, no estoy diciendo que hagas lo que te dé la gana. Asegúrate de que cualquier añadido o personalización te ayude a largo plazo. Menos, pero mejor.

Enero

			C	L	G
1	L	Cena con Mark	X	X	X
2	M		X	X	X
3	X	Copa con Sam	X	X	X
4	J	Entregué la presentación de Might S.A.	X	X	•
5	V		•	X	•
6	S		•	X	X
7	D	Convención Sokura	X	X	X
8	L		X	•	X
9	M	Cumpleaños de Lisa	X	X	X
10	X		X	X	X
11	J	Me presentaron a Krav	•	X	•
12	V		•	X	•
13	S	Copas con el equipo	X	X	X
14	D		X	X	X
15	L		•	X	X
16	M	Conferencia sobre I.A.	X	X	X
17	X	Clase de spinning	X	X	X
18	J		X	X	•
19	V	Ramen con Darby en Ichiran	X	X	•
20	S	Cine con Niclas	X	•	X
21	D		X	X	X
22	L		•	X	•
23	M	Cumpleaños de Tim	•	X	X
24	X		X	X	X
25	J	¡¡Conseguí el proyecto Victor!!	X	•	•
26	V		X	X	•

C Cocina
L Leer
G Gimnasio

Recuerda añadir una leyenda para no olvidar más adelante de qué estabas haciendo el seguimiento.

COMUNIDAD

No hay mejor manera de ejemplificar las posibles aplicaciones del método Bullet Journal que fijándonos en su comunidad. Abarca prácticamente todas las razas, credos, continentes y ámbitos de negocio. Esta diversidad se refleja en las incontables soluciones que la comunidad ha creado para afrontar los retos habituales y no tan habituales a que nos enfrentamos en el limitado tiempo de que disponemos.

Habrás visto que algunos capítulos de la parte II tienen *#hashtags* debajo del título. Esos *hashtags* te ayudarán en redes sociales como Instagram y Pinterest a encontrar ejemplos de la comunidad para obtener inspiración y apoyo. Aquí van unos cuantos más: #bulletjournalkey, #bulletjournalgratitudelog, #bulletjournalfoodlog, #bulletjournalmoodlog, #bulletjournalgymlog.

Si esto te supera un poco, empieza consultando bulletjournal.com. Ahí encontrarás una selección de tutoriales, ejemplos y listas de recursos adicionales, en gran medida aportados por la comunidad. Por el momento, incluí algunos ejemplos inteligentes e inventivos en las páginas siguientes.

Pero, antes de pasar la página, ten presente que lo que estás a punto de ver se creó durante años de exploración y práctica. Cada Bullet Journal es un viaje al yo. Estos usuarios del método Bullet

Journal presentaron los siguientes ejemplos de sus diarios para compartir el impacto que el método ha tenido en sus vidas, con la esperanza de inspirarte a emprender el camino a tu manera única e inimitable.

Kim Alvarez (@tinyrayofsunshine)

En agosto de 2013 estaba buscando en internet técnicas e ideas para ayudarme a organizar mi vida. Tropecé con un artículo de Lifehacker sobre el Bullet Journal y me emocioné cuando vi el video tutorial de Ryder. «¡Este sistema es genial!», exclamé mientras agarraba con ganas una libreta a medio usar para darle una nueva vida.

Unos 20 minutos después, llegó mi novio y yo le mostré entusiasmada el video y ambos estábamos tan fascinados por su simplicidad que empezamos nuestros Bullet Journal en ese mismo momento.

Siempre me han encantado las libretas y pasar tiempo escribiendo, dibujando, planificando y anotando mis recuerdos, así que el Bullet Journal es una solución maravillosa para aunar mi mezcla de intereses.

Una de las ideas que me hizo mucha ilusión incorporar a mi Bullet Journal fue la práctica del registro de gratitud. Siempre me ha gustado pensar y escribir las cosas por las que me siento agradecida, desde que descubrí que era una práctica que me hacía sentir mejor instantáneamente al desafiarme a captar los pequeños momentos de luz en mi día a día. Me gusta saber que puedo capturar esos momentos importantes como merecen.

La flexibilidad del sistema es muy acogedora, refrescante y empoderadora. Cada día puedo empezar donde esté y crear exactamente lo que necesite.

¡Le estoy profundamente agradecida a Ryder por compartir su revolucionario sistema con el mundo y crear un movimiento en favor de la sencillez, el *mindfulness* y la intencionalidad con un método analógico único!

Gratitude Log

I'M GRATEFUL THAT RYDER SHARED THE BULLET JOURNAL WITH THE WORLD!

I'M GRATEFUL TO LIVE IN A SAFE, PEACEFUL, & LOVING HOME

I'M GRATEFUL TO HAVE A COZY READING CHAIR TO ENJOY READING ON

I'M GRATEFUL FOR RAINBOWS THAT VISIT ME

I'M GRATEFUL FOR MY MIND & HEART

I'M GRATEFUL FOR THE KINDNESS OF OTHERS

I'M GRATEFUL FOR REFRESHING SHOWERS

I'M GRATEFUL FOR SUNNY DAYS

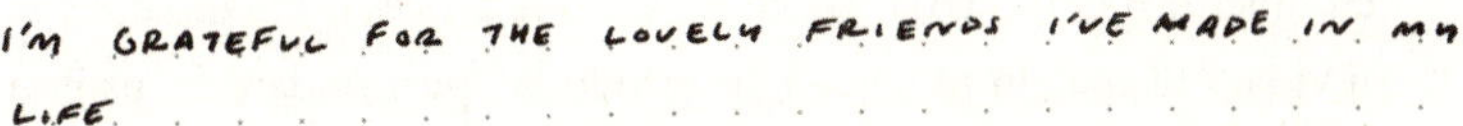

I'M GRATEFUL FOR THE LOVELY FRIENDS I'VE MADE IN MY LIFE

I'M GRATEFUL FOR ALL THE EXPERIENCES THAT LED TO THIS MOMENT

I'M GRATEFUL FOR RANDOM FRIENDLY INTERACTIONS WITH OTHERS

I'M GRATEFUL FOR SPECIAL SNAILMAIL

I'M GRATEFUL THAT MY THOUGHTS & IDEAS RESONATE WITH OTHERS

Kara Benz (@boho.berry)

Mi aventura con el método Bullet Journal empezó en agosto de 2015.

Después de quince años en la industria de la restauración, acababa de abrir una tienda de joyería artesanal en Etsy. En un esfuerzo para organizarme, había ido saltando de agenda en agenda y había probado todo tipo de plantillas prefabricadas. Nada parecía funcionar en mi caso. Incluso probé algunas aplicaciones, pero nada me ofrecía la flexibilidad que necesitaba en mi ocupada vida y mi negocio en expansión.

Se me ocurrió que tenía que crear mi propia agenda, pero no tenía ni idea de cómo hacerlo. Mientras buscaba ideas en Pinterest, tropecé con el concepto Bullet Journal.

En aquella época no había mucha inspiración BuJo, pero, después de leer la página web de Bullet Journal y adaptar otras ideas que había visto, empecé mi primer BuJo.

Han pasado dos años y medio desde entonces y creo que jamás hubiera podido imaginar lo mucho que este sencillo sistema cambiaría mi vida.

Soy parte de una comunidad de gente que me «entiende» y he descubierto muchas cosas sobre mí en este proceso. He organizado mi vida. He crecido mucho. Y he tenido la oportunidad de inspirar a otros por el camino.

Algunas de mis colecciones favoritas son mis plantillas híbridas semanales/diarias. Los domingos me siento y programo mi semana incluyendo actividades importantes y citas. A lo largo de la semana, añado mis tareas diarias, tomo notas y escribo cómo me va el día en el espacio que sobra. Es una gran manera de ver mi semana en su conjunto el lunes, así como de planificar los detalles a diario.

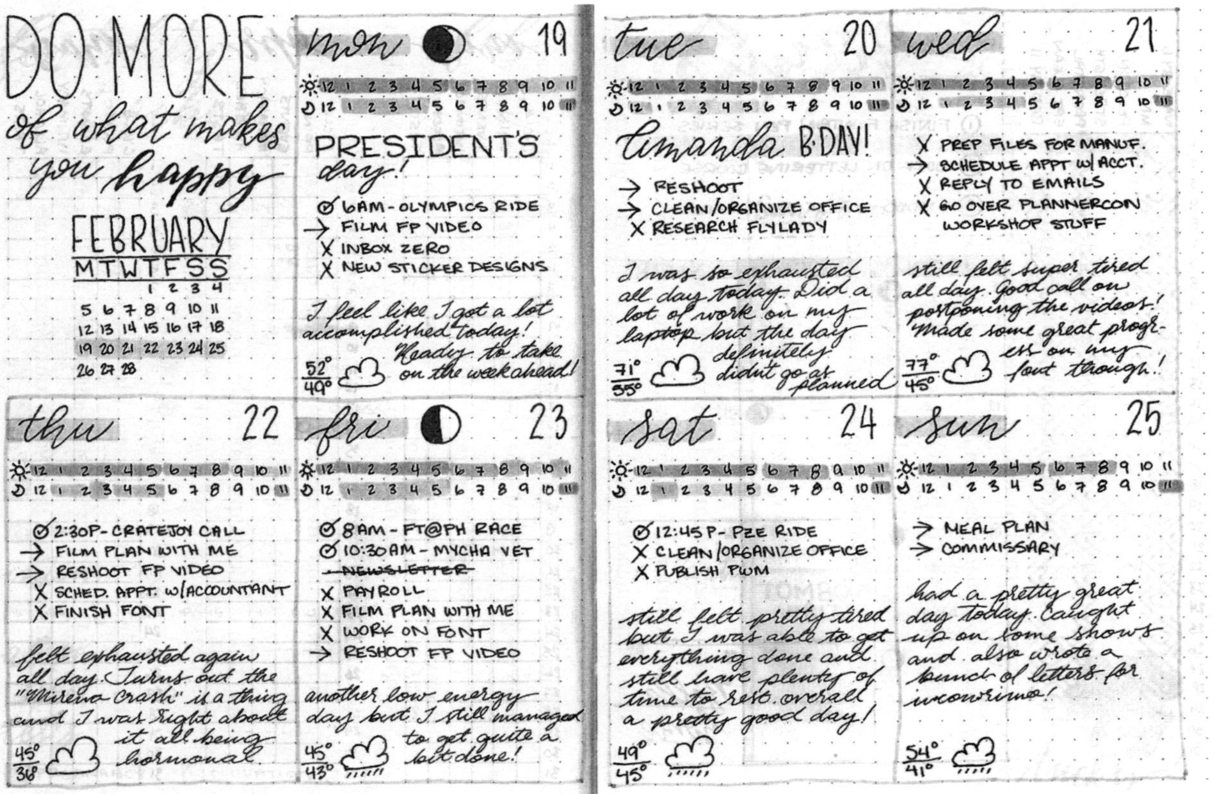

DO MORE
of what makes
you happy
FEBRUARY
MTWTFSS
1 2 3 4
5 6 7 8 9 10 11
12 13 14 15 16 17 18
19 20 21 22 23 24 25
26 27 28
mon 19
PRESIDENT'S day!
6AM - OLYMPICS RIDE
FILM FP VIDEO
INBOX ZERO
NEW STICKER DESIGNS
I feel like I got a lot accomplished today! Ready to take on the week ahead!
52° 49°
tue 20
amanda B.DAY!
RESHOOT
CLEAN/ORGANIZE OFFICE
RESEARCH FLYLADY
I was so exhausted all day today. Did a lot of work on my laptop but the day definitely didnt go as planned
71° 55°
wed 21
PREP FILES FOR MANUF.
SCHEDULE APPT w/ ACCT.
REPLY TO EMAILS
GO OVER PLANNERCON WORKSHOP STUFF
still felt super tired all day. Good call on postponing the videos! Made some great progress on my font though!
77° 45°
thu 22
2:30P - CRATEJOY CALL
FILM PLAN WITH ME
RESHOOT FP VIDEO
SCHED. APPT. w/ACCOUNTANT
FINISH FONT
felt exhausted again all day. Turns out the "Mirena Crash" is a thing and I was right about it all being hormonal.
45° 36°
fri 23
8AM - FT@PH RACE
10:30AM - MYCHA VET
NEWSLETTER
PAYROLL
FILM PLAN WITH ME
WORK ON FONT
RESHOOT FP VIDEO
another low energy day but I still managed to get quite a bit done!
45° 43°
sat 24
12:45P - PZE RIDE
CLEAN/ORGANIZE OFFICE
PUBLISH PWM
still felt pretty tired but I was able to get everything done and still have plenty of time to rest. overall a pretty good day!
49° 45°
sun 25
MEAL PLAN
COMMISSARY
had a pretty great day today. Caught up on some shows and also wrote a bunch of letters for incowrimo!
54° 41°

Dee Martinez (@decadethirty)

Fue hacia finales de agosto de 2012, rodeada de una formación estelar de libros de texto de neuroanatomía con páginas marcadas con trocitos de papel llenos de recordatorios (el más habitual era «duerme»), historiales clínicos y diapositivas de conferencias con su conjunto azaroso de prosa destacada, cuando comprendí que mi sistema de organización y planificación necesitaba un cambio. Después de casi diez años «adaptándome» a agendas tradicionales, el sistema intuitivo de Ryder me llegó en el momento adecuado y me ayudó a planificar y realizar mis tareas.

Desde entonces, el sistema Bullet Journal me ha acompañado a lo largo de unos cuantos hitos vitales: acabar mis estudios de posgrado, mudarme de estado para empezar una nueva carrera, casarme, abrir un pequeño negocio por internet, comprarme una casa nueva y mudarme, el embarazo y la planificación de la llegada del bebé y mi nueva vida como madre trabajadora. El Bullet Journal me ha ayudado a planificar cualquier cosa que se te pueda ocurrir con intención, a manejar el tiempo con más eficacia, a cumplir algunos objetivos vitales y a enfrentarme a las tareas diarias con menos ansiedad. También me ha permitido convertirme en parte de una comunidad virtual en expansión de planificadores y contribuir a ella.

Planifico con un estilo minimalista —nada de cabeceras sofisticadas, ni adornos, ni colores, ni pegatinas—, pero, sorprendentemente, la colección que ha tenido mayor impacto ha sido la de mis recuerdos escritos con caligrafía. El formato ha ido cambiando con los años, pero el objetivo siempre ha sido el mismo: tener un recuerdo del día en un texto creativo. El proceso me ayuda a integrar ese recuerdo y conservar mi obsesión de toda la vida con la caligrafía y también a tomarme una pausa consciente durante el día.

July

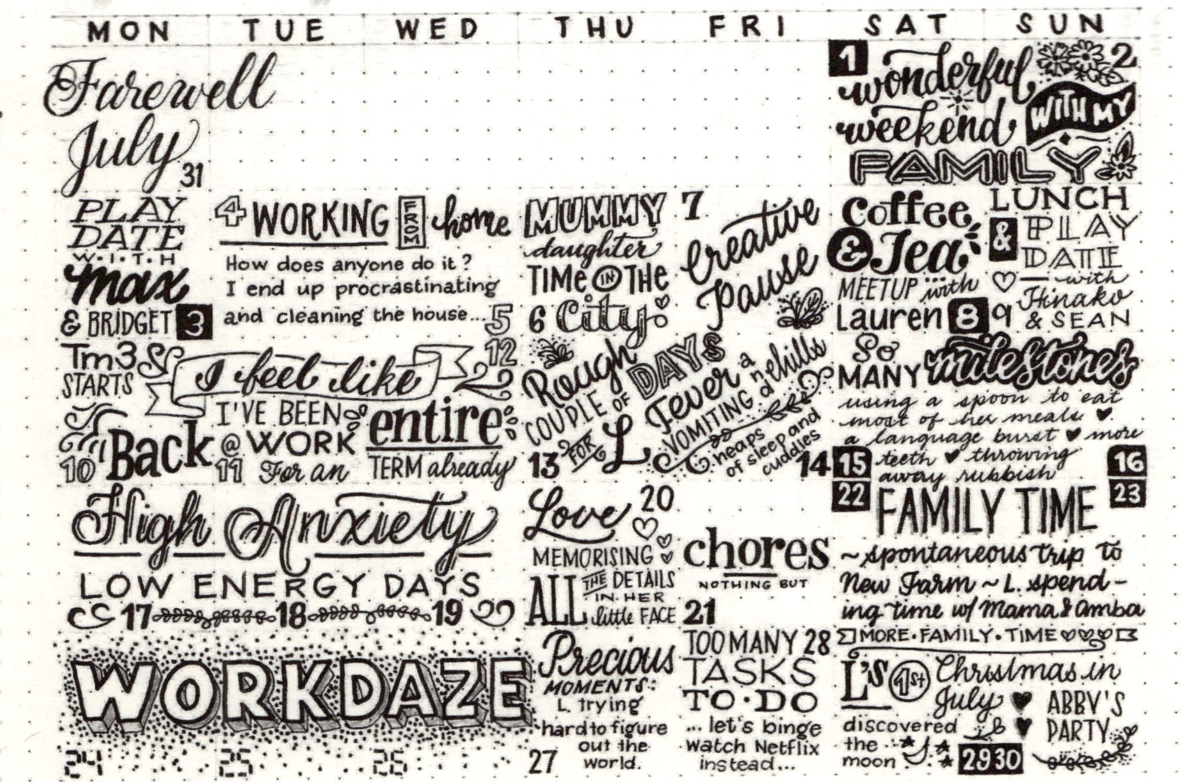

MON TUE WED THU FRI SAT SUN
Farewell July 31
PLAY DATE W.I.T.H max & BRIDGET 3
4 WORKING FROM home
How does anyone do it? I end up procrastinating and cleaning the house... 5
MUMMY daughter TIME IN THE 6 City
7 Creative Pause
1 wonderful weekend WITH MY FAMILY 2
Coffee & Tea MEETUP with Lauren 8
LUNCH & PLAY DATE with Hinako & SEAN 9
Tm3 STARTS
I feel like I've been back @ work for an entire term already
10 11 12
Rough couple of days 13 for L
Fever a n chills vomiting heaps of sleep and cuddles 14
So MANY milestones
using a spoon to eat most of her meals ♥ a language burst ♥ more teeth ♥ throwing away rubbish
15 16 22 23
FAMILY TIME
High Anxiety
LOW ENERGY DAYS
17 18 19
Love 20
MEMORISING ALL THE DETAILS IN HER little FACE
chores NOTHING BUT 21
~spontaneous trip to New Farm ~ L. spending time w/ Mama & Amba
MORE · FAMILY · TIME
WORKDAZE
24 25 26
Precious MOMENTS: L trying hard to figure out the world. 27
TOO MANY 28 TASKS TO · DO ... let's binge watch Netflix instead...
L's 1st Christmas in July
discovered the moon
ABBY'S PARTY
29 30

Eddy Hope (@itseddyhope)

Hola, soy Eddy. Soy un padre de familia que trabaja como autónomo en la industria de las redes sociales. Manejar múltiples cuentas de clientes y estrategias puede ser duro, así que buscaba formas de organizarme. Se hablaba mucho de herramientas digitales, pero descubrí que encontrar la herramienta digital de productividad perfecta es pedirle peras al olmo. Tropecé con el Bullet Journal en 2013, se vendía como un método de registros rápidos para completar y hacer un seguimiento de tareas y proyectos usando únicamente una libreta y un bolígrafo. Empecé a confiar en él para cualquier cosa importante, además... ¿qué hay más genial que ir por ahí con una libreta?

Después de muchos meses de usarlo con éxito, desarrollé una manera de agendar actividades futuras. Intenté encontrar algún método o truco que resolviera mi problema, pero no encontré nada y vi que no era el único al que le pasaba lo mismo, de modo que decidí crear mi propio sistema. Así nació el «Calendex». Un calendario/índice que mezcla la representación visual de un calendario con la funcionalidad de un índice. Una plantilla sencilla de tabla proporciona una práctica vista de pájaro de todas las actividades, reuniones, plazos, etc., previstos para que puedas ver inmediatamente si estás libre u ocupado.

Estoy orgulloso de decir que el Calendex (thecalendex.com) es muy popular y ya es un método analógico independiente hecho y derecho para planificar o agendar actividades futuras que tiene una creciente comunidad de fans apasionados de todo el mundo.

Datum / Date:

THE CALENDEX

	JAN	FEB	MAR	APR	MAY	JUN
1		3 84	↓	101	23 109	131
2			HOL	43 43	120 69	↓
3				43 43		
4	HOL	17	↑	43 43		
5	↑	12 12	29	43 43	↓ 99	↓
6			56			HOL
7			13 27 5	16	117 6	
8	18	22	10 10	49	12	
9		50		8		↓
10	24 36	52	14 20	8	91	
11				13	91	↓
12	9	2	111 80	14	100	
13		12		30	88	HOL
14	24	30 71	17 17	52	76 2	
15		26			2	
16	27 27	26	80	120 56	113 120	↑
17	11				98 150	
18	41		66 66 3	19 87	120	84
19	32 32		1			141 98 14
20		↓	28			71
21					10 200	
22	1	HOL	19 16	50	34	151
23	39				34	
24		↓		8	99	120
25	22 23		19	87 116		
26	35		87	99		132
27		HOL	12	130 82	84 84	
28			101 90	140	103	155
29	40 40		24		85 103	
30			31	98 98 98	115 125	
31	41				118	

V

EL FINAL

CÓMO HACER BIEN EL BULLET JOURNAL

Una de las cosas que más me gustan de ver evolucionar el método Bullet Journal en el mundo es comprobar lo distintas e inventivas que son las interpretaciones. Yo elijo que mi Bullet Journal sea muy minimalista. Otros eligen que sus diarios sean mucho más llamativos. Se diría que no hay dos Bullet Journals iguales. Supongo que por eso me preguntan muy a menudo si hay una forma correcta de hacer Bullet Journals. Esto nos lleva a una pregunta distinta y fundamental: ¿hay una forma incorrecta de hacer Bullet Journals? La respuesta corta es sí.

Creo que parte del éxito del método Bullet Journal procede de su capacidad de convertirse en una herramienta distinta para distintas personas. Aunque yo aconsejo mucho empezar de manera sencilla, si dedicar tiempo a adornar tu Bullet Journal te motiva, te hace más productivo y te proporciona alegría, entonces lo estás haciendo bien. Si estás deseando abrir tu diario y sientes que es tu aliado, es que lo estás haciendo bien.

No tiene que ver con el aspecto de tu diario, sino con cómo te hace sentir y cuán efectivo es.

Que no te intimide lo que veas por ahí. En última instancia, el único estándar que debes cumplir es el tuyo. Este es tu viaje. Y no uso ese término a la ligera. El método Bullet Journal es un vehículo de autoexploración para ayudarte a descubrir qué es lo que te importa en la vida que quieres vivir. Concéntrate en hacer evolucionar tu Bullet Journal para cumplir con tus necesidades. Cuanto más lo uses, más te ayudará. Si no es así, ha llegado el momento de preguntarte «por qué». ¿Te roba mucho tiempo? ¿Estás ignorando tus necesidades para impresionar a los demás? ¿No haces progresos? Define el reto y pregúntate: «¿Qué puedo hacer para que esto me ayude más?».

Si no sabes qué hacer, tendrás a tu alcance una de las comunidades más creativas y comprensivas del mundo como recurso. Cabe la posibilidad de que haya por ahí usuarios del método que se hayan enfrentado a retos similares y que estén encantados de compartir lo que han aprendido. Sea cual sea el reto al que te enfrentas, debes saber que no estás solo.

DESPEDIDA

Mi parte favorita de *El mago de Oz* es cuando el grupo descubre que el poderoso mago no es más que un viejo que mueve palancas detrás de una cortina. Una vez se descubre, Dorothy exclama: «Es usted un hombre muy malo». A lo que el mago responde: «No, hijita mía, soy un hombre muy bueno, pero soy un mal mago, ¿comprendes?».

El grupo llega pidiendo cosas que creían no tener: valor, un corazón, un cerebro. Asumen que solo la magia de un poderoso mago les podrá otorgar cosas que de otro modo consideran constantemente fuera de su alcance. Aunque es cierto que era «un mago muy malo», porque no tenía poderes sobrenaturales, el «hombre de Oz» tenía una habilidad. Es un espejo para quienes lo necesitan, y devuelve una imagen que no está empañada por las dudas ni el dolor. Mediante la sencilla observación, el hombre de Oz ayuda al grupo a darse cuenta de que lo que deseaban siempre había estado en su interior.

El mago simboliza la idea errónea de que la «cura» a nuestros males, la pieza que nos falta, está fuera de nosotros. Vivimos en una cultura mercantilista que nos convence de que las soluciones se deben adquirir: que algo o alguien nos completará por fin. Nuestra búsqueda nos aleja aún más de nosotros mismos. Aunque podemos beneficiarnos mucho del hecho de tener la mente y el corazón abiertos, en última instancia somos responsabilidad nuestra.

El hombre de Oz podía ver más allá de la superficie de las cosas y unir los puntos mediante una cuidadosa observación, introspección, y una sana dosis de empatía. Esto es lo que nos ayuda a cultivar el método Bullet Journal en nuestro interior. No es algo mágico, pero puede ser un espejo persuasivo en el que empezar a vernos con mayor claridad día a día. Nos puede proporcionar el conocimiento para descubrir todo nuestro poder.

El método Bullet Journal ayuda a facilitar el viaje del autodescubrimiento, a comprender la agencia que tenemos sobre nuestra vida. Todo depende de nuestra disposición a mirar más allá de nuestras anteriores limitaciones para poder ser testigos de nuestro potencial. Es un proceso de recuperar la responsabilidad de nuestra experiencia y encontrar el valor de observar en nuestro interior. Ahí, en el caos de todo, encontraremos, entre incontables estrellas, las más brillantes. Mientras trazamos el camino por las siempre desconocidas aguas del mañana, podremos estar tranquilos sabiendo que, nos hundamos o no, al menos nos atrevimos.

PREGUNTAS FRECUENTES

P: No tengo dotes artísticas. ¿Puedo usar igualmente el método Bullet Journal?
R: Sí. Lo único que importa en el método BuJo es el contenido, no la presentación.

P: ¿Cuándo debería empezar?
R: El mejor momento para empezar siempre es ahora. Dicho esto, un momento ideal para empezar es el primer día del mes después de preparar tu registro mensual (página 103).

P: ¿Durante cuánto tiempo debería probarlo?
R: Si acabas de empezar con el método Bullet Journal, tu primera migración mensual (página 120) puede ser un gran momento eureka. Ahí será cuando todo empiece a encajar. Por eso animo a los nuevos usuarios del método Bullet Journal a que lo prueben durante al menos dos o tres meses seguidos.

P: ¿Qué tipo de libreta debería usar?
R: Una libreta de buena calidad que dure. Las dos cosas principales que debes tener en cuenta son el tamaño y la calidad. Si es demasiado grande, no la llevarás nunca encima. Si es demasiado pequeña, no será práctica. Asegúrate de que sea lo

bastante resistente como para aguantarte el ritmo y perdurar en el tiempo. Si te apetece, puedes comprar la libreta Bullet Journal que he diseñado en Bullerjournal.com. Tiene páginas numeradas, un índice, una clave de bullets, tres marcapáginas y más cosas.

P: ¿Bolígrafo o lápiz?
R: Utiliza lo que te permita hacer una letra más legible y que no se borre con el tiempo. Una de las grandes ventajas del método Bullet Journal es que, con el paso de los años, creas una biblioteca de libretas. Es maravilloso consultarlas años después.

P: ¿Qué pasa si pierdo la libreta?
R: Aunque un Bullet Journal puede ser increíblemente personal, recomiendo encarecidamente añadirle una nota visible en la parte frontal de la libreta para que se pongan en contacto con nosotros en caso de pérdida. Solo con poner un nombre y un número de teléfono debería bastar. Las recompensas en efectivo son un gran incentivo, pero también los mensajes personales. A mí se me cayó el Bullet Journal de la mochila en un metro de Nueva York en hora pico y me lo devolvieron.

P: ¿Qué hago con las tareas recurrentes?
R: Puedes crear bullets personalizados (página 93) y añadirlos a la página de calendario del registro mensual (página 104). Esto te permite escanear rápidamente el mes y ver en qué momento tiene lugar la tarea o actividad.

P: ¿Qué hago si se me olvida revisar el diario?
R: Hemos creado una aplicación para esto. Se llama Bullet Journal Companion. No es una aplicación de BuJo, sino una aplicación

complementaria a tu libreta. Te permite almacenar pensamientos si no tienes cerca el diario, ponerte recordatorios para revisar el diario, hacer fotografías de las páginas y más cosas. Sí, está disponible para iOS y Android.

P: ¿Hay alguna aplicación de esto?
R: Ver respuesta anterior y bulletjournal.com/app.

P: ¿Cuánto espacio debería ocupar el registro diario?
R: Tanto o tan poco como necesites. La vida es impredecible y por eso el BuJo está diseñado para evolucionar de manera orgánica. Sigue en la página donde lo dejaste y evita acumular páginas.

P: ¿Cómo migro de libreta?
R: Analiza tu libreta en busca de las cosas que te han ayudado a progresar. Mueve a la siguiente libreta solamente las cosas que han añadido valor a tu vida. También puedes hacer hilos para el contenido que no quieras volver a escribir (página 116).

P: ¿Qué diferencia hay entre una tarea agendada y una migrada?
R: Una tarea agendada es una tarea futura que queda fuera del mes en curso y que se mueve hacia atrás, hacia el registro futuro. Una tarea migrada es una tarea actual que ha sido desplazada hacia delante, al registro mensual (página 103) o a una colección personalizada (página 247).

P: ¿Cuándo tengo que mover las cosas desde el registro futuro?
R: Cuando configures el nuevo registro mensual (página 103).

P: ¿Cuántas libretas debería usar en un año?
R: Todas las que necesites. Yo uso unas tres o cuatro al año.

P: ¿Cómo utilizo un calendario digital con el Bullet Journal?
R: Puedes usar un calendario digital para sustituir el registro futuro. Durante el día, apunta las fechas en el registro diario y, cuando tengas un momento, por ejemplo, durante la reflexión diaria, añádelas al calendario.

P: ¿Cuánto tiempo debería durar la reflexión diaria?
R: Todo el que necesites. El truco es ser constante. Si ves que no la estás haciendo, reduce el tiempo que le dedicas.

P: ¿Cómo planificas y gestionas distintos proyectos?
R: Cuando tengo distintos proyectos, los separo en distintas colecciones y después uso el índice para acceder rápidamente a ellos más adelante. También puedes crear un «índice temático» para cada proyecto, esto es especialmente útil si el proyecto es grande e implica muchas cosas. Si estás en la universidad, puedes usar una página de índice por materia (página 114).

P: ¿Qué hago con una tarea que tiene que completarse para un día concreto si aún falta para que llegue ese día?
R: Si es un día del mes en curso, tu reflexión diaria te lo recordará. Si no, puedes añadirlo al registro futuro (página 107).

P: ¿Por qué tienes un único elemento para cada día en el registro mensual? ¿Está hecho a propósito?
R: Cuando hago tutoriales de Bullet Journal, solo muestro un elemento bajo cada día para que sea más legible para quien lo vea.

En mi Bullet Journal personal, incluyo dos o tres elementos cada día. Para mí, el registro mensual sirve para tener una vista general de lo que ya he hecho, así que a menudo acabo apuntando los elementos después de que pasen.

P: ¿Qué diferencia hay entre la página de tareas del registro mensual y el registro diario en general?
R: El objetivo del registro diario (página 99) es despejar tu mente (en realidad, no piensas mucho lo que anotas). Solo es para ponerlo sobre el papel. Las tareas que van al registro mensual son las que has podido considerar; tú sabes que son importantes y son una prioridad.

P: ¿Cómo hago referencia a cosas anotadas en el Bullet Journal?
R: Para eso está el índice (página 111) y puedes combinarlo con la técnica para hacer hilos (página 116).

P: ¿Cómo hago referencia a cosas anotadas en libretas o Bullet Journals anteriores?
R: Haciendo hilos entre libretas (página 116) o utilizando la aplicación Bullet Journal Companion. Está diseñada para expandir la funcionalidad de tu libreta. Puedes añadir libretas anteriores a la aplicación usando la función «Biblioteca», subiendo fotografías de las páginas de índice y etiquetando libretas anteriores.

ME GUSTARÍA DAR LAS GRACIAS A

John Maas y Celeste Fine, mis agentes de Sterling Lord Literalistic, por su inquebrantable guía, apoyo y paciencia.

Leah Trouwborst y Toni Sciarra Poynter, mis editores, por sus esfuerzos hercúleos, su sabiduría y su habilidad para ayudarme a pasar al otro lado.

El equipo de Portfolio de Penguin Random House por creer en este proyecto y ayudarme a hacerlo realidad y a Helen Healey por evitar que se hicieran nudos en las luces de Navidad.

Mis lectores Keith Gould, Linda Hoecker, Kim Alvarez, Niclas Bahn, Lisse Grullesman, Rachel Beider, Leigh Ollman, y a mis padres por sus consejos que me ayudaron a ver el bosque más allá de los árboles.

Todos los usuarios del método Bullet Journal que han contribuido con sus ilustraciones, sus historias e ideas a lo largo del libro: Dee Martinez, Eddie Hope, Kim Alvarez, Kara Benz, Heather Caliri, Amy Haines, Anthony Gorrity, Rachael M., Timothy Collinson, Cheryl Bridges, Hubert Webb, Bridget Bradley, Olov Wimark, Sandra-Olivia Mendel, Carey Barnett y Michael S.

La comunidad BuJo por ayudarme a expandir el Bullet Journal por todo el mundo. No estaría aquí sin ustedes.

NOTAS

1 Neil Irwin, «Why Is Productivity So Weak? Three Theories», *New York Times*, 28 de abril de 2016, https://www.nytimes.com/2016/04/29/upshot/why-is-productivity-so-weak-three-theories.html.

2 Bureau of Labor Statistics, https://www.bls.gov/opub/btn/volume-6/below-trend-the-us-productivity-slowdown-since-the-great-recession.htm.

3 Daniel J. Levitin, «Why the Modern World Is Bad for Your Brain», *The Guardian*, 15 de enero de 2018, https://www.theguardian.com/science/2015/jan/18/modern-world-bad-for-brain-daniel-j-levitin-organized-mind-information-overload.

4 Maria Konnikova, «What's Lost as Handwriting Fades», *New York Times*, 2 de junio de 2014, https://www.nytimes.com/2014/06/03/science/whats-lost-as-handwriting-fades.html.

5 Joan Didion, «On Keeping a Notebook», en *Slouching Towards Bethlehem,* Farrar, Straus and Giroux, Nueva York, 1968, pp. 139–140. Versión en castellano de Javier Calvo Perales, «Sobre tener un cuaderno de notas», en *Los que sueñan el sueño dorado*, Barcelona, Literatura Random House, 2018.

6 Susie Steiner, «Top Five Regrets of the Dying», *The Guardian*, 1 de febrero de 2012, https://www.theguardian.com/lifeandstyle/2012/feb/01/top-five-regrets-of-the-dying.

7 David Bentley Hart, *The Experience of God: Being, Consciousness, Bliss*, Yale University Press, New Haven, 2013, pp. 191–92.

8 Cyndi Dale, *Energetic Boundaries: How to Stay Protected and Connected in Work, Love, and Life,* Sounds True, Inc., Boulder (Colorado), 2011. Versión en castellano de Andrés Guijarro Araque, *Fronteras energéticas: Conoce, sana y fortalece tu cuerpo energético*, Edaf, Madrid, 2012.

9 Jory MacKay, «This Brilliant Strategy Used by Warren Buffett Will Help You Prioritize Your Time», *Inc.*, 15 de noviembre de 2017, https://www.inc.com/jory-mackay/warren-buffetts-personal-pilot-reveals-billionaires-brilliant-method-for-prioritizing.html.

10 Michael Lewis, «Obama's Way», *Vanity Fair*, octubre de 2012, https://www.vanityfair.com/news/2012/10/michael-lewis-profile-barack-obama.

11 Roy F. Baumeister y John Tierney, *Willpower: Rediscovering the Greatest Human Strength*, Penguin, Nueva York, 2011.

12 «Americans check their phones 80 times a day: study», *New York Post*, November 8, 2017, https://nypost.com/2017/11/08/americans-check-their-phones-80-times-a-day-study.

13 Thuy Ong, «UK Government Will Use Church Spires to Improve Internet Connectivity in Rural Areas», *The Verge*, 19 de febrero de 2018, https://www.theverge.com/2018/2/19/1702 7446/uk-government-churches-wifi-internet-connectivity-rural.

14 Adrian F. Ward, Kristen Duke, Ayelet Gneezy y Maarten W. Bos, «Brain Drain: The Mere Presence of One's Own Smartphone Reduces Available Cognitive Capacity», *Journal of the Association for Consumer Research*, núm. 2, abril de 2017: pp. 140–54, http://www.journals.uchicago.edu/doi/abs/10.10 86/691462.

15 «The Total Audience Report: Q1 2016», Nielsen, 27 de junio de

2016, http://www.nielsen.com/us/en/insights/reports/2016/the-total-audience-report-q1-2016.html.

16 Olga Khazan, «How Smartphones Hurt Sleep», *The Atlantic*, 24 de febrero de 2015, https://www.theatlantic.com/health/archive/2015/02/how-smartphones-are-ruining-our-sleep/385792.

17 Perri Klass, «Why Handwriting Is Still Essential in the Keyboard Age», *New York Times*, 20 de junio de 2016, https://well.blogs.nytimes.com/2016/06/20/why-handwriting-is-still-essential-in-the-keyboard-age.

18 Pam A. Mueller y Daniel M. Oppenheimer, «The Pen Is Mightier Than the Keyboard», *Psychological Science* 25, núm. 6, abril de 2014: pp. 1159–1168, http://journals.sagepub.com/doi/abs/10.1177/0956797614524581.

19 Robinson Meyer, «To Remember a Lecture Better, Take Notes by Hand», *The Atlantic*, 1 de mayo de 2014, https://www.theatlantic.com/technology/archive/2014/05/to-remember-a-lecture-better-take-notes-by-hand/361478.

20 Daniel Gilbert, *Stumbling on Happiness*, Vintage, Nueva York, 2007. Versión en castellano de Verónica Canales Medina, *Tropezar con la felicidad*, Ariel, Barcelona, 2017.

21 Robert Bresson, *Notes on the Cinematographer*, translated by Jonathatn Griffin (Green Integer Books, Copenhagen, 1997). Versión en castellano de Daniel Aragó Strasser, *Notas sobre el cinematógrafo*, Madrid, Árdora, 1997.

22 David Foster Wallace, *This Is Water: Some Thoughts, Delivered on a Significant Occasion, about Living a Compassionate Life*, Little, Brown, and Company, Nueva York, 2009. Versión en castellano de Javier Calvo Perales, *Esto es agua. Algunas ideas, expuestas en una ocasión especial, sobre cómo vivir con compasión*, Penguin Random House, Barcelona, 2012.

23 *Ibid.*

24 Leo Babauta, «How I'm Overcoming My Obsession with Constant Self-Improvement», *Fast Company*, 19 de marzo de 2015, https://www.fastcompany.com/3043543/how-im-overcoming-my-obsession-with-constant-self-improvement.

25 Caroline Beaton, «Never Good Enough: Why Millennials Are Obsessed with Self-Improvement», *Forbes*, 25 de febrero de 2016, https://www.forbes.com/sites/carolinebeaton/2016/02/25/never-good-enough-why-millennials-are-obsessed-with-self-improvement/#cf00d917efa9.

26 Theresa Nguyen, *et al.*, «The State of Mental Health in America 2018», *Mental Health America*, 2017, http://www.mentalhealthamerica.net/issues/state-mental-health-america.

27 «Facts & Statistics», *Anxiety and Depression Association of America*, 2016, https://adaa.org/about-adaa/press-room/facts-statistics#.

28 «Impact bias», Wikipedia, mayo de 2016, https://en.wikipedia.org/wiki/Impact_bias.

29 Tim Minchin, «Occasional Address», discurso de graduación en la Universidad de Western Australia, TimMinchin.com, 25 de septiembre de 2013, http://www.timminchin.com/2013/09/25/occasional-address.

30 Olivia Solon, «Ex-Facebook President Sean Parker: Site Made to Exploit Human "Vulnerability"», *The Guardian*, 9 de noviembre de 2017, https://www.theguardian.com/technology/ 2017/nov/09/facebook-sean-parker-vulnerability-brain-psychology.

31 «Eudaimonism», Philosophy Basics, consultado el 6 de abril de 2018, https://www.philosophybasics.com/branch_eudaimonism.html.

32 «Okinawa's Centenarians», Okinawa Centenarian Study, consultado el 6 de abril de 2018, http://okicent.org/cent.html.

33 Héctor García y Francesc Miralles, *Ikigai: The Japanese Secret to a Long and Happy Life*, Penguin, Nueva York, 2017. Versión original castellana, *Ikigai: los secretos de Japón para una vida larga y feliz*, Urano, Madrid, 2016.

34 Viktor E. Frankl, *Man's Search for Meaning: An Introduction to Logotherapy*, Simon & Schuster, Nueva York, 1984. Versión en castellano del Comité de traducción al español, *El hombre en busca de sentido*, Herder, Barcelona, 2015.

35 Jordan B. Peterson, «2017 Personality 12: Phenomenology: Heidegger, Binswanger, Boss», 20 de febrero de 2017, video, 46:32, https://www.youtube.com/watch?v=11oBFCNeTAs.

36 Angela Lee Duckworth, «Grit: The Power of Passion and Perseverance», *TED Talks Education*, abril de 2013, https://www.ted.com/talks/angela_lee_duckworth_grit_the_power_of_passion_and_perseverance#t-184861.

37 Maria Konnikova, «Multitask Masters», *New Yorker*, 7 de mayo de 2014, https://www.newyorker.com/science/maria-konnikova/multitask-masters.

38 Tanya Basu, «Something Called "Attention Residue" Is Ruining Your Concentration», *The Cut*, 21 de enero de 2016, https://www.thecut.com/2016/01/attention-residue-is-ruining-your-concentration.html.

39 Kent Beck, *et al.*, «Manifesto for Agile Software Development», Agile Alliance, http://agilemanifesto.org, consultado el 2 de julio de 2018.

40 Carl Sagan, *The Demon-Haunted World: Science as a Candle in the Dark*, Ballantine Books, Nueva York, 1996. Versión en castellano de Dolors Udina, *El mundo y sus demonios: La ciencia como una luz en la oscuridad*, Barcelona, Crítica, 2017.

41 Madison Malone-Kricher, «James Dyson on 5.126 Vacuums

That Didn't Work—and the One That Finally Did», *New York*, 22 de noviembre de 2016, http://nymag.com/vindicated/2016/11/james-dyson-on-5-126-vacuums-that-didnt-work-and-1-that-did.html.

42 W. Edwards Deming, *The New Economics for Industry, Government, and Education*, MIT Press, Boston, 1993.

43 «Albert Einstein», *Wikiquote*, consultada el 6 de abril de 2018, https://en.wikiquote.org/wiki/Albert_Einstein#Disputed.

44 Mihaly Csikszentmihalyi, «Flow, the Secret to Happiness», *TED*, febrero de 2004, https://www.ted.com/talks/mihaly_csikszentmihalyi_on_flow.

45 Marco Aurelio, *Meditations,* trad. Martin Hammond, Penguin, Nueva York, 2006. Versión en castellano de Luisa Fernanda Aguirre de Cárcer y José Ignacio Díez Fernández, *Meditaciones*, Ariel, Barcelona, 2016.

46 Jack Zenger y Joseph Folkman, «The Ideal Praise-to-Criticism Ratio», *Harvard Business Review,* 15 de marzo de 2013, https://hbr.org/2013/03/the-ideal-praise-to-criticism.

47 Amy Morin, «7 Scientifically Proven Benefits of Gratitude That Will Motivate You to Give Thanks Year-Round», *Forbes*, 23 de noviembre de 2014, https://www.forbes.com/sites/amymorin/2014/11/23/7-scientifically-proven-benefits-of-gratitude-that-will-motivate-you-to-give-thanks-year-round/# 1367405183c0.

48 David Steindl-Rast, «Want to Be Happy? Be Grateful», *TED*, junio de 2013, https://www.ted.com/talks/david_steindl_rast_want_to_be_happy_be_grateful.

49 Se suele atribuir a Mark Twain.

50 Heinrich Harrer, *Seven Years in Tibet*, Tarcher Perigee, Nueva York, 2009. Versión en castellano de Herminia Dauer, *Siete años en el Tíbet*, Juventud, Barcelona, 1998.

51 Winnie Yu, «Workplace Rudeness Has a Ripple Effect», *Scientific American*, 1 de enero de 2012, https://www.scientificamerican.com/article/ripples-of-rudeness.

52 Seth Godin, «The First Law of Organizational Thermodynamics», *Seth's Blog*, 12 de febrero de 2018, http://sethgodin.typepad.com/seths_blog/2018/02/the-first-law-of-organization-thermodynamics.html.

53 Joshua Fields Millburn, «Goodbye Fake Friends», *The Minimalists*, https://www.theminimalists.com/fake.

54 Sam Cawthorn (@samcawthorn), «The happiest people don't necessarily have the best of everything but they make the most of everything!!!», 24 de junio de 2011, 16:39, *tweet*.

55 Drake Baer, «Malcolm Gladwell Explains What Everyone Gets Wrong About His Famous "10,000 Hour Rule"», *Business Insider*, 2 de junio de 2014, http://www.businessinsider.com/malcolm-gladwell-explains-the-10000-hour-rule-2014-6.

56 «14 Ways to Be a Happier Person», *Time*, 18 de septiembre de 2014. http://time.com/collection/guide-to-happiness/4856925/be-happy-more-joy.

57 Jonathan G. Koomey, *Turning Numbers into Knowledge: Mastering the Art of Problem Solving*, Analytics Press, Oakland, 2008.